ANNALES DU MUSÉE GUIMET

BIBLIOTHÈQUE DE VULGARISATION, TOME 46

TROIS CONFÉRENCES
SUR L'ARMÉNIE

FAITES A L'UNIVERSITÉ DE STRASBOURG

PAR

Frédéric MACLER

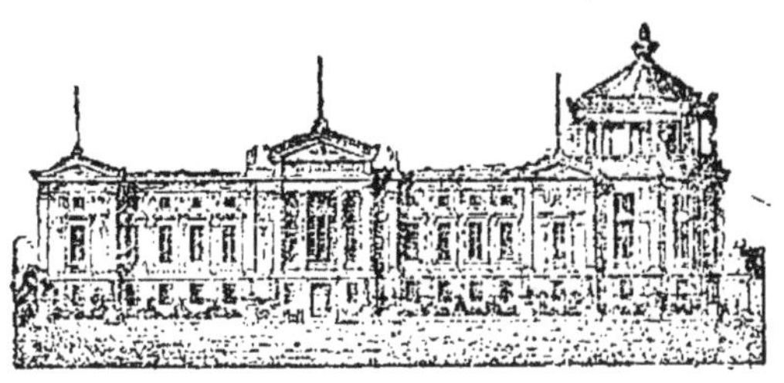

LIBRAIRIE ORIENTALISTE PAUL GEUTHNER

13, rue Jacob, Paris - VIe — 1927

ANNALES DU MUSÉE GUIMET

BIBLIOTHÈQUE DE VULGARISATION, TOME 46

TROIS CONFÉRENCES SUR L'ARMÉNIE

TROIS CONFÉRENCES
SUR L'ARMÉNIE

FAITES A L'UNIVERSITÉ DE STRASBOURG

PAR

Frédéric MACLER

Professeur à l'École Nationale des Langues Orientales Vivantes

LIBRAIRIE ORIENTALISTE PAUL GEUTHNER

13, rue Jacob, Paris - VIe — 1927

AVANT-PROPOS [1]

Trop de liens intimes et de souvenirs personnels m'unissent à Strasbourg, pour que je ne dise pas, dès le début, l'émotion profonde et intense, filiale et sacrée, que je ressens en prenant, ce soir, la parole devant vous.

J'exprimerai également toute ma gratitude à M. le Doyen et à Messieurs les professeurs de la Faculté de théologie protestante de l'Université de Strasbourg, qui m'ont fait l'honneur de m'inviter, non pas à traiter, mais à esquisser en quelques mots brefs l'historique d'une des églises les plus anciennes et les plus vivantes à la fois de ce que l'on est convenu d'appeler l'immuable Orient.

Déjà, en 1885, *l'éminent historien que fut Charles Schmidt, en couronnant sa carrière scientifique par la publication de cette œuvre magis-*

1. Les trois conférences, dont le texte suit, ont été faites à l'Université de Strasbourg, sous les auspices de la Faculté de théologie protestante, les 15, 17 et 18 février 1926.

trale que vous connaissez tous et qui s'intitule Précis de l'histoire de l'Église d'Occident pendant le moyen âge, *s'excusait de n'avoir pu traiter que de l'Église occidentale et regrettait de ne s'être pas occupé de l'Église orientale. Il s'empressait de lui reconnaître un génie propre et une histoire particulière, histoire, disait-il, qui doit être reprise à nouveau, tant sont nombreux les ouvrages et les documents que les savants de la Grèce publient chaque jour et qui modifient sur plus d'un point l'idée que jusqu'à présent l'on s'était faite du moyen âge byzantin.*

Le maître avait raison, mais son enquête, s'il en avait eu le loisir, n'aurait porté que sur l'Église byzantine, c'est-à-dire sur l'Église grecque orthodoxe et sur les églises nationales qui en sont issues.

C'est, à coup sûr, la moins orientale des églises de l'Orient, et l'enquête, pour avoir toute l'ampleur souhaitable, devrait avant tout porter sur ces églises et sur ces nations qui sont vraiment orientales par rapport à l'Europe, et qui ont noms la jacobite, la nestorienne, la maronite, la chaldéenne, la melchite, la géorgienne, l'arménienne.

Si l'Église orthodoxe se divise en plusieurs branches autonomes et autocéphales, avec pontifes spéciaux à Constantinople, à Antioche, à Alexandrie, à Jérusalem, en Serbie, en Roumanie, en Bulgarie, elle n'en conserve pas moins son unité intime. Indépendantes dans leur administration intérieure, ces églises apparemment séparées sont étroitement reliées les unes aux autres par l'unité de foi, de hiérarchie et de sacrements, qui constituent à proprement parler les fondements de l'Église orthodoxe universelle.

Il n'en va pas de même des Églises orientales dont je viens de vous donner les noms, et qui constituent des entités nettement tranchées, tant au point de vue ethnique que religieux.

C'est notamment le cas pour l'Église arménienne qui, bien que monophysite, ne saurait se confondre ni avec la jacobite, ni avec la copte, mais qui a eu, au cours des siècles, sa vie propre et particulière, et dont les destinées ont été intimement mêlées à celles du peuple qui, pendant plus de mille ans, s'abrita sous les plis de son drapeau.

TROIS CONFÉRENCES SUR L'ARMÉNIE

I

A propos de l'Église arménienne

Mais, qu'est au juste le peuple arménien? En connaît-on exactement les origines? En sait-on les migrations successives en vue d'un habitat définitif? Puis, cet habitat connu, imagine-t-on les migrations forcées, les exils, la fuite hors de la patrie de ces infortunés, sans cesse harcelés par des envahisseurs nouveaux, qui toujours pressuraient le peuple arménien, ou cherchaient à l'exterminer pour prendre sa place?

Depuis longtemps déjà la nation arménienne est constituée. Les textes perses de Darius, six siècles avant notre ère, lui donnent le nom que nous lui donnons encore. Et cette nation occupe un territoire situé à l'est de la Cappadoce, territoire composé par les vallées profondes et les hauts plateaux du pays montagneux qui s'étend entre la Mésopotamie au sud, et le Caucase au nord.

Plus tard, dans les siècles qui ont précédé comme dans ceux qui ont suivi immédiatement le début de l'ère chrétienne, l'Arménie a formé un royaume vaste et indépendant. L'époque brillante, où l'Arménie a joué un rôle historique important est précisément celle où régnait Tigran, le gendre de Mithridate, au Ier siècle avant Jésus-Christ. Ce Tigran, comme ses prédécesseurs et ses successeurs immédiats, appartenait à une dynastie parthe, et non arménienne, et les linguistes de nos jours essaient de déterminer la part incontestablement très grande que l'on doit faire au parthe dans le vocabulaire arménien.

Les familles qui régnaient sur les Parthes et sur les Arméniens étaient les Arsacides et c'est par eux que les Arméniens sont entrés en contact avec la civilisation gréco-romaine. Mais les Arméniens ne se laissèrent assimiler entièrement ni par la domination parthe ni par la conquête romaine.

Il convient de noter, du point de vue culturel

et religieux, que le royaume arménien est devenu chrétien vers le même temps que l'empire romain; il l'est devenu beaucoup plus par le fait des légions et des marchands qui sillonnaient les routes de l'Empire, que par la prédication très problématique de disciples du Christ qui se seraient partagé le monde pour l'évangéliser.

Du jour où les Arméniens devinrent chrétiens, ils organisèrent et constituèrent une église indépendante, et qui ne cessa de l'être, aussi bien des églises grecque et slaves, que de l'Église romaine. Ce fut leur force, mais ce fut aussi leur faiblesse, car ils ne trouvèrent jamais chez leurs coreligionnaires byzantins ou romains l'appui nécessaire pour les protéger contre les attaques venues du monde zoroastrien, musulman chiite ou musulman sunnite.

Au début du ve siècle de notre ère, le royaume arsacide d'Arménie est détruit, et le territoire arménien est partagé entre la Perse à l'est, où les chrétiens subissent l'influence du christianisme oriental nestorien, avec le syriaque comme langue liturgique, et l'empire byzantin à l'ouest, où les Arméniens subissent l'influence grecque, surtout dans la région de Césarée de Cappadoce, avec le grec comme langue liturgique.

Cet état de choses dure plusieurs siècles; et seule l'Église arménienne groupe autour de son drapeau et sous la direction de son chef suprême ou catholicos, les débris épars du peuple arménien. Période d'anarchie et de discorde, où tout autre peuple aurait sombré, s'il n'avait eu, comme la nation arménienne, son église, sa langue et sa littérature.

Vers le milieu du IXe siècle, les khalifes arabes de Bagdad qui ont remplacé sur les bords de l'Euphrate et du Tigre le royaume perse des Sassanides, se montrent favorables aux Arméniens, en qui ils voient des alliés éventuels qu'ils pourront opposer aux armées byzantines. Et vers 885, sous l'égide arabe, une nouvelle royauté arménienne, celle de la dynastie bagratide, monte sur le trône, avec Ani pour capitale. Mais cette royauté bagratide ne réunit pas tous les suffrages arméniens, et une royauté rivale, celle des Ardzrouniq, en étendant sa domination dans la région du lac de Van, affaiblit d'autant la puissance arménienne.

Ces royautés d'Arménie durent environ deux siècles. Dès le milieu du XIe, les campagnes dévastatrices des armées byzantines et les ravages causés par les premières invasions des Turcs seldjoukides consomment la ruine des royautés ardzrouni et bagratide. Dès 1050, Ani est presque anéanti, et la chute de la capitale bagratide ouvre l'ère de ces exils et de ces émigrations, qui ont porté les Arméniens dans toutes les parties du monde civilisé d'alors : à Constantinople, où s'établit une puissante colonie arménienne, — à Smyrne et aux environs, où le commerce reçoit une vigoureuse impulsion du fait des nouveaux arrivants arméniens; — en Cilicie où quelques années plus tard sera fondé le royaume arméno-cilicien sous les auspices des Croisés, notamment de Frédéric Barberousse; enfin au nord, par delà la mer Noire, en Crimée, où se fonderont de florissantes colonies arméniennes, qui essaimeront dans tous les États balkaniques, jusqu'en Galicie et en Bukovine, et procureront à ces pays un degré de civilisation et de bien-être jusqu'alors inconnus.

Dès la chute d'Ani, jusqu'en 1828, le vieux sol de l'Arménie devient une pomme de discorde entre les Perses, les Turcs, les Mongols; le territoire arménien est ravagé par toutes les armées sauvages et dévastatrices qui s'y livrent bataille ou y passent pour aller saccager et détruire ailleurs.

Et l'on s'étonnerait à bon droit qu'une Arménie et des Arméniens aient pu survivre et résister à tant d'épreuves, si l'on ne savait que, pendant ces siècles d'oppression et de dévastation, l'Église d'Arménie, avec ses catholicos, ses patriarches, ses archevêques, ses clergés régulier et séculier veillaient à la conservation de la nation arménienne, faisaient vivre sa langue et sa littérature, enrichissaient le patrimoine artistique et architectural, et préservaient le peuple soit de la destruction complète par les ennemis musulmans, soit de l'absorption par les églises voisines, rivales et dominatrices.

Peut-être vous paraîtra-t-il intéressant de rechercher quelques-unes des causes historiques qui ont fait de l'Eglise arménienne ce qu'elle est devenue au cours des siècles, et de marquer quelques-uns des moments qui, comme des « tournants de l'histoire » lui ont donné cette empreinte indélébile que vous lui connaissez sans doute.

Il ne saurait s'agir, dans les quelques minutes dont nous disposons, de chercher à élucider les problèmes encore si obscurs de l'origine et de l'introduction du christianisme en Arménie. Ici comme ailleurs, il faut se résoudre à savoir ignorer, tout en supposant que la connaissance et l'expansion du christianisme suivirent vraisemblablement les voies romaines et pénétrèrent dans le pays tant par le canal des négociants que par celui des légions, notamment par les soldats chrétiens de la Legio Fulminata.

Il n'y a pas lieu davantage d'insister sur les vieilles histoires relatives à Grégoire, l'Illuminateur de l'Arménie, et au pape Sylvestre qui, en compagnie de l'empereur Constantin, accueillait à Rome Grégoire l'Illuminateur et le roi d'Arménie Tiridate, et passait avec eux un traité d'unité de foi. Ces vieilles traditions, si vénérables qu'elles soient par leur âge, relèvent plus du domaine de la légende que de celui de l'histoire.

Mais il est un fait, un moment, sur lequel il convient d'insister tout particulièrement : on a créé une langue littéraire pour la théologie, en un mouvement parallèle à ce qui s'est passé pour le gothique (qui ne s'est pas développé), et pour le copte et le slave, qui ont eu la richesse d'épanouissement que l'on sait.

J'ai fait allusion, ci-dessus, au fait que les Arméniens de l'est employaient le syriaque pour leur service liturgique, tandis que ceux de l'ouest faisaient usage du grec, c'est dire que la liturgie syriaque et la liturgie grecque étaient répandues sur tout le territoire de l'Arménie.

Deux hommes de grande érudition, Sahak et Mesrop, ce dernier connu aussi sous le nom de Machtots, décidèrent d'affranchir le peuple arménien de la tutelle grecque et de la tutelle syro-persane, en traduisant les Saintes Écritures en langue arménienne après avoir au préalable inventé un alphabet national qui rendît avec toute l'exactitude souhaitable tous les sons de la langue dans laquelle on allait traduire.

L'invention et l'application de l'alphabet arménien par Mesrop, au début du ve siècle de notre ère, marquent un fait capital dans l'histoire du peuple arménien ainsi que dans celle de la pensée religieuse en général, et notamment de la pensée religieuse chrétienne. Tandis que, sous les dynastes parthes, les Arméniens n'avaient qu'un paganisme hétéroclyte, sans aspect national nettement caractérisé, au contraire, l'invention de l'alphabet marque l'affermissement du sentiment national chez les Arméniens; elle marque surtout, chez ce peuple, l'affranchissement de la tutelle chrétienne gréco-syrienne, ainsi que de la tutelle zoroastrienne des Perses.

Ce fait, en apparence bien simple, devait avoir les conséquences les plus grandes et une importance de tout premier ordre pour le développement ultérieur, historique et théologique, de la nation arménienne. C'est le spectacle d'un peuple qui, se séparant nettement de ses voisins, conquiert définitivement son indépendance, en ayant une religion à lui, une histoire à lui, une civilisation à lui, toutes particularités qui ne le cèdent ni en intérêt ni en importance à celles des autres branches de la grande famille chrétienne.

Dans cette langue, en utilisant cet alphabet, on a donné une traduction très bien faite de la Bible; au début, la littérature théologique est la plus vaste et la plus développée; l'exemple le plus brillant et le plus vivant de cette première période littéraire de l'Arménie est sans conteste l'œuvre admirable d'Eznik.

Il me semble qu'un parallélisme, justifié par l'enseignement de l'histoire, vous fera mieux saisir l'importance capitale de l'œuvre nationale de Sahak et de Mesrop :

Lorsque les anciens Hébreux furent emmenés en captivité, ils ne présentaient aucune unité religieuse ni même ethnique; dès la chute de Salomon, ce sont, pendant des siècles, des luttes religieuses, des assassinats sans fin, des usurpations continuelles; on adore Baal et Yahvé, on sacrifie sur les hauts lieux comme dans le Temple de Jérusalem, selon que l'on est d'Israël ou de Juda. Vienne la période de l'exil, et ces Hébreux, sur la terre étrangère, prennent conscience de leur communauté d'origine, de leur communauté d'intérêts, de leur communauté de religion. A l'instar des Babyloniens, au contact de leur civilisation, les descendants d'Abraham recherchent leurs vieilles traditions nationales, les consignent par écrit, produisent une littérature commune. En se préoccupant de leur propre histoire, les Juifs deviennent un seul peuple, établissent une tradition commune et une, autour de laquelle ils se rallient. La fusion des divers éléments dont se composaient les peuplades plus ou moins sauvages d'Israël et de Juda est le résultat de l'œuvre des scribes. La parole écrite a fait l'unité religieuse et sociale du peuple juif.

Il en va, semble-t-il, de même en Arménie et chez les Arméniens. Pays destiné à avoir une histoire troublée, située sur les routes des grandes invasions, comme aussi des grandes caravanes sillonnant son territoire de l'est à l'ouest, du nord au sud, l'Arménie offre le spectacle d'une contrée qui aura quelque peine à constituer son unité ethnique et géographique. C'est le cas aussi longtemps qu'elle est païenne et qu'elle est ballotée entre les religions et les civilisations des Assyriens, des Perses, des Grecs et des Romains. C'est encore le cas, lorsque cette même Arménie, tout en devenant chrétienne, n'a pas encore sa langue, sa littérature, sa religion propres, qui vont faire d'elle une nation indépendante, autonome et autocéphale. En ne reconnaissant pas le concile de Chalcédoine, l'Église arménienne fait siennes les doctrines monophysites. Et ce sont, du VIIe au XIe siècle, des discussions théologiques fréquentes et ardentes entre Arméniens et Byzantins. Il suffit de lire le chapitre XXI du IIIe livre de l'*Histoire Universelle* d'Étienne Asolik de Taron pour se rendre un compte exact de la situation que l'Église Arménienne a entendu prendre dans le concert des différentes branches du christianisme oriental. C'est une religion monophysite, très à part de la religion officielle de Byzance, et reposant sur la grande civilisation arménienne des Bagratides.

*
* *

Et ceci nous amène au deuxième moment, au deuxième tournant important qu'il convient d'envisager dans le développement historique de l'Église arménienne et de la pensée religieuse chez cette nation définitivement séparée des autres branches du christianisme de l'Orient.

Par leur situation géographique d'abord, par leurs dissensions intestines ensuite et la politique qui en est découlée, les Arméniens ont louvoyé entre Byzance et les Perses, puis entre Byzance et les Khalifes arabes. Les événements historiques ont donc amené l'Église d'Arménie à s'écarter très fort de la grande Église d'Orient, et à faire quelque chose de très à part. Comme ils n'ont pas assisté au Concile de Chalcédoine, les Arméniens se sont orientés vers le monophysisme. Du reste, les églises asiatiques sont monophysites en grande partie, parce qu'elles sont beaucoup plus simplistes que les églises grecques, dont les spéculations métaphysiques n'étaient pas comprises des Asiatiques. C'est, d'autre part, ce qui explique les fréquents rapprochements entre les musulmans et les églises asiatiques. Ils sont monothéistes et, par voie de conséquence, monophysites; ils ne comprennent qu'une divinité *une*, et ne saisissent pas les nuances spéculatives et pleines de finesses et de distinctions des Grecs. C'est avec et sur ces doctrines que s'est développée la grande civilisation arménienne du IXe au XIe siècle : elle relève exclusivement du monophysisme.

Quelques considérations historiques vous feront, je l'espère, mieux saisir ce que j'avance.

Deux historiens arméniens, Sébêos dans la seconde moitié du VIIe siècle, et Étienne Asolik de Taron dans les premières années du XIe siècle, ont laissé à la postérité des ouvrages de tout premier ordre, qui permettent de suivre le processus historique et l'évolution de la pensée religieuse chez les Arméniens, à une époque aussi troublée que le fut la période qui va du concile de Chalcédoine (451) à la fin de la toute puissance byzantine, c'est-à-dire au moment où Byzance, après maintes luttes supportées vaillamment contre les Perses et les Arabes, mais aussi après avoir, par sa tyrannie religieuse, mécontenté les églises d'Orient, voit son étoile définitivement pâlir. Et l'enquête, menée sur les données de Sébêos et d'Étienne Asolik, conduit fatalement, et quoiqu'on ait dit et écrit, à cette conclusion : l'Église arménienne a accepté et fait sienne la doctrine monophysite, par haine du clergé byzantin et par amour de l'Église orthodoxe d'Alexandrie, qui représentait à ses yeux la véritable doctrine chrétienne.

C'était vers le milieu du ve siècle; les Arméniens luttaient pour la défense de leur foi contre les Perses; inférieurs par le nombre, ils avaient fait appel au patriarche de Constantinople, comptant sur les armées chrétiennes de Byzance pour les aider dans leur lutte contre le zoroastrisme. Déçus dans leur espoir, trompés dans leur attente [1], les membres du clergé arménien décidèrent de rompre avec l'Église de Byzance, de rejeter ou de ne pas accepter les décisions et les canons du concile de Chalcédoine, et de se rallier à l'Église d'Alexandrie. Celle-ci ayant accepté l'*Henolicon* de Zénon, les Arméniens se rangèrent à cet avis, bien que le pape de Rome et le clergé byzantin n'aient pas tardé à déclarer hérétique l'édit d'union de Zénon. Les Arméniens décidèrent, en matière de foi, de s'en tenir aux dogmes formulés par les trois premiers conciles œcumé-

1. Cf. K. Aslan, *Études historiques sur le peuple arménien* (Paris, 1909), in-8°, p. 234 et suiv.

niques, rejetèrent définitivement le concile de Chalcédoine, tout en anathématisant Nestorius et Eutychès et au cours d'un concile national tenu sous le patriarcat de Babgen, vers 510, consommèrent la rupture avec les églises orthodoxe et catholique romaine. Ils estimaient que chaque église qui invoque le nom du Christ devait être libre de ses destinées et ne se soumettre ni à la suprématie de Rome ni à celle de Byzance.

Une conséquence à tout le moins inattendue de cet isolement de l'Église arménienne fut la constitution de recueils de vies de saints arméniens. Jusqu'au VIIe siècle, les Arméniens s'étaient accoutumés à honorer la mémoire des saints grecs et syriens. Mais l'Arménie comptait aussi ses martyrs et il convenait dès lors de leur rendre un hommage aussi éclatant qu'à ceux des autres églises. Et ainsi furent constitués au VIIIe et au IXe siècle les recueils d'hagiographie arménienne, qui allèrent s'enrichissant au cours des âges, qui devinrent objet de lecture pieuse chez les Arméniens, mais qui toutefois ne jouèrent pas le rôle capital des vies et du culte des saints que l'on constate chez les Byzantins et chez les Romains.

A la suite de querelles avec les Nestoriens, comme conséquence de la lutte que l'Église officielle d'Arménie soutint contre les sectes qui cherchaient à faire des prosélytes dans son sein, il y eut, au VIIe comme au VIIIe et au IXe siècle, des tentatives de rapprochement et d'union entre les diverses branches de la chrétienté orientale. L'empereur Héraclius s'y employa de son mieux; quelques catholicos arméniens, en vue de l'union, se rendirent en Syrie auprès de l'Empereur, et acceptèrent le rituel grec. Ces avances arméniennes ne furent couronnées d'aucun succès.

Le haut clergé byzantin menait véritablement campagne contre les Arméniens, dont les prêtres, antichalcédoniens, étaient emprisonnés, chargés de chaînes et mis à la torture. A la longue, ces querelles religieuses devinrent néfastes aux persécuteurs eux-mêmes : les nombreux sujets de l'Empire, n'ayant pas la conception de la patrie, ne se sentaient unis entre eux que par la religion, et chrétiens, ils se rangeaient volontiers sous le drapeau byzantin pour combattre l'ennemi commun, fût-il persan ou arabe. L'intolérance religieuse de Byzance finit par mécontenter les plus patients qui, à différentes occasions, appelèrent à leur aide les Perses, et surtout les Arabes, et c'en fut fait du prestige du nom chrétien dans l'Asie antérieure, à une époque où l'Empire aurait eu besoin de tous ses sujets pour résister victorieusement aux attaques de ses ennemis politiques et religieux.

Malgré, ou peut-être grâce à ces luttes séculaires entre Byzance et les musulmans de Perse et de Bagdad, l'Église arménienne parvint à garder son autonomie, ses traditions, sa vie propre. Les catholicos, soutiens des rois bagratides comme ils l'avaient été naguère du peuple arménien sans rois, maintinrent l'indépendance nationale d'un peuple qui ne voulait relever d'aucun étranger au point de vue religieux et qui entendait mener une vie politique, économique et sociale tout à fait indépendante. L'opposition du clergé arménien à celui de Byzance doit autant être attribuée à une cause politique et d'ordre national qu'à des querelles religieuses et dogmatiques. En entendant ne pas se soumettre à l'astuce des prêtres grecs, en s'opposant délibérément à toute tentative d'union, les Arméniens, sous l'égide des Bagratides et des Ardzrouniq, entendaient ne pas se rendre dépendants des tentatives despotiques émanant de Byzance et du clergé grec d'Asie. C'était, nettement marquée, la lutte du monophysisme contre le diophysisme.

En prenant parti pour le monophysisme, l'Église arménienne comptait bien vivre, indépendante, dans un isolement qui n'avait rien de superbe ni d'arrogant.

*
* *

Cet isolement, les Croisades pourraient le rompre : l'Église arménienne ne se décide pas à quitter le monophysisme ni à se rapprocher des orthodoxes, et continue sa vie séparée. On cesse de parler du monophysisme, fait acquis sur lequel on ne revient pas et duquel on préfère ne plus parler. Va-t-on être plus heureux dans les tentatives d'union avec la grande Église de l'Occident? C'est ce qu'il sera intéressant d'examiner brièvement, à la lumière des événements politiques, dans cette période qui prend à la fin du XIe siècle, et qui ne se termine qu'au XIVe.

Dans la deuxième moitié du XIe siècle, la royauté avait pris fin en Arménie, et le pays avait été méthodiquement dévasté par les armées byzantines et horriblement saccagé par les hordes turco-seldjoukides. Les Arméniens qui le peuvent, alors comme de nos jours, émigrent en masse, à la recherche de cieux plus cléments. La plus grande partie de l'émigration se dirige vers le sud-ouest, vers les gorges inaccessibles et facilement défendables du Taurus et de l'Amanus et, par delà, vers les vallées fertiles de la plaine cilicienne. La vieille ville où naquit l'apôtre Paul devient la capitale métropole d'un nouvel État, arménien cette fois, et le centre de gravité du vieux peuple d'Arménie se déplace considérablement.

Les descendants de Haïk ne contempleront plus le soleil se levant sur les cimes étincelantes du grand Ararat. Tournant leurs regards vers la ligne bleue de la Méditerranée, ils verront un horizon nouveau s'ouvrir à leurs yeux émerveillés. Et, par delà les flots d'azur, ils apprendront à connaître des peuples dont le nom à peine était parvenu jusqu'à eux. L'attente aurait duré, le contact ne se serait pas produit rapidement, si les vagues déferlantes des Croisades n'avaient dû, à maintes reprises, emprunter le territoire de l'Arméno-Cilicie pour franchir les Portes de Syrie, traverser ce pays nouveau et descendre à la conquête des terres saintes qui virent naître le christianisme, et dont les sanctuaires, à Jérusalem comme à Bethléhem, étaient entre les mains des « Infidèles ».

Tout le long du moyen âge, des Arméniens

étaient venus commercer en Cilicie; mais le mouvement s'intensifia au lendemain de la chute d'Ani. Peu à peu, on s'empare des forteresses et des châteaux-forts du pays; les vallées se peuplent, elles aussi, d'Arméniens; et dès 1080, le prince Roubên fonde la puissance arménienne en Cilicie; il rassemble des partisans pour purger le pays des Grecs qui y étaient encore et il ne tarde pas à établir sa domination dans les plaines du Taurus.

A sa mort, son fils Constantin agrandit l'héritage paternel. C'est sous sa domination que les Arméniens entrent en relation avec les nations occidentales. Les Roubéniens avaient besoin des Latins pour affermir leur État naissant; ceux-ci étaient trop heureux de recourir aux habitants du pays pour les aider à délivrer les lieux saints des mains des Égyptiens. Et ce fut, au début, une circonstance favorable aux Arméniens de pouvoir aider les Croisés. Ceux-ci décernèrent le titre de marquis à Constantin, tandis qu'il les secourait en vivres et en hommes, au siège d'Antioche, et leur fournissait des guides pour poursuivre leur route vers le sud.

Après une série de succès et de revers, un siècle déjà s'était écoulé depuis que Roubên Ier avait jeté les fondements de l'indépendance arménienne sur les hauteurs du Taurus. Il fallait maintenant organiser le pays, le civiliser, en faire un État cultivé, véritable boulevard du christianisme dans le Proche Orient en passe de devenir complètement musulman.

Cette lourde tâche échut à Léon II, qui assura d'abord les frontières de la nouvelle Arménie; puis il s'occupa des réformes et de la défense du pays. C'est à cette époque, vers 1187, que la Palestine retomba aux mains des musulmans. Sous la conduite de Frédéric Barberousse, une nouvelle croisade se forma, qui pénétra, très éprouvée, en Asie-Mineure. Arrivé à Iconium, l'empereur envoya une ambassade à Léon d'Arménie, lui demandant son assistance pour la grande œuvre chrétienne qu'il se proposait d'accomplir, et lui promettant, en échange, de le couronner roi d'Arménie. Léon répondit avec empressement à la demande qui lui était adressée, et envoya aux Croisés d'abondantes provisions.

Et lorsque l'armée impériale pénétra en Isaurie, le prince Léon, le catholicos Grégoire IV, le célèbre Nersès de Lambron partirent à la rencontre de l'empereur. L'entrevue projetée ne put avoir lieu, car Frédéric venait de se noyer en se baignant dans le Calicadnus.

Le couronnement de Léon fut, de ce chef, différé; il fallut attendre quelques années qu'Henri VI, fils et successeur de Barberousse, envoyât, d'accord avec le pape Célestin III, une couronne à Léon et un étendard à son chiffre. Et voici que le jour de la Noël 1198, Léon II fut solennellement sacré roi d'Arménie, dans la cathédrale de Tarse, par les soins du catholicos Grégoire IV, et avec l'assistance du cardinal Conrad, délégué du pape et de l'empereur.

Il semblait que, sous de tels auspices, l'Arménie allait vivre des jours jusqu'alors inconnus.

Des écoles furent fondées, des hôpitaux furent bâtis, une cour fut organisée suivant le type des cours des princes latins de Syrie. Les ordres de chevaliers furent abondamment pourvus; enfin des privilèges commerciaux furent octroyés aux Génois et aux Vénitiens. Bref, les relations les plus intimes et les plus durables semblaient s'établir entre le royaume de Nouvelle Arménie et les nations européennes, catholiques, alors que l'on se séparait complètement des Grecs de Byzance.

Les papes de Rome, comme ceux d'Avignon,

allaient tâcher de tirer profit de la situation ainsi créée. A partir du règne de Léon II, un vaste échange de correspondance s'établit activement entre les papes, les catholicos et les rois d'Arménie, dans le but d'unifier les églises arménienne et romaine.

A certains moments, au cours de ces époques troublées, il semblait que l'union projetée allait devenir un fait accompli. Quelques rois d'Arménie, escomptant trop facilement le secours qu'ils pourraient obtenir de l'Occident, inclinaient à des concessions. Il s'agissait en effet de s'assurer des alliés à toute épreuve contre les ennemis musulmans qui convoitaient sans cesse le territoire chrétien de l'Arméno-Cilicie.

Mais le peuple arménien ne se rangeait pas volontiers du côté de ses rois à tendances ententistes; il voulait maintenir l'indépendance nationale de son Église, repousser les avances de Rome comme il l'avait fait de celles de Byzance, et conserver son autonomie, fût-ce au détriment de sa sécurité.

Ces avances, faites et repoussées en l'espace de quelques années, eurent un résultat néfaste pour les destinées de l'Arménie : celui d'exciter davantage les ennemis du nom chrétien, qui voulaient en finir avec le royaume de Cilicie, afin d'enlever à l'Europe tout prétexte à intervention dans les affaires de l'Orient.

Les années passent, et la situation ne s'améliore pas; des querelles fréquentes surgissent entre les princes arméniens et les princes latins, qui cependant étaient unis par de nombreux mariages. Et ces discordes intestines fournissent chaque fois aux mamelouks d'Égypte et aux sultans d'Asie-Mineure un prétexte pour pénétrer en Arménie, ravager le pays et en emporter d'énormes butins. Après chaque invasion, le royaume arménien s'anémiait, le secours ne venait pas, que l'on attendait d'Europe, et le moment ne semblait pas éloigné où le coup mortel serait porté au seul royaume chrétien d'Asie.

Vers la fin du XIIIe et au début du XIVe siècle, l'Arménie subit une nouvelle épreuve. Les Tatars, qui jusqu'alors avaient été ses alliés, sentent leur étoile pâlir; ils ne sont ni chrétiens ni musulmans, mais devant la marche ascendante de l'Islam, ils n'hésitent plus. En se faisant musulmans, les Tatars portent un coup droit aux Arméniens, leur causent de grands dommages et, d'anciens alliés, deviennent de nouveaux ennemis.

D'autre part, les Mamelouks, qui ont définitivement subjugué la Palestine et la Syrie, peuvent concentrer toutes leurs forces contre l'Arméno-Cilicie. Ils veulent en finir avec les Arméniens, ce dernier rempart du christianisme en Orient.

C'est alors que le roi, le clergé et le peuple d'Arménie, renonçant à lutter seuls, mirent leur suprême espoir dans la cour de Rome. Les papes profitent de cet état de choses et promettent aide et secours, si l'église arménienne se soumet à l'autorité de Rome. La chose n'alla pas toute seule, la nation arménienne s'épuisa dans des discussions religieuses vaines et stériles, et les dissensions intestines reprirent de plus belle.

Sous le règne de Héthoum, la question religieuse se rallume. Après la rupture de l'alliance entre les Arméniens et les Tatars, le roi d'Arménie pensa que le moment était enfin venu de faire des concessions à Rome. Cette idée faisait peu à peu son chemin, elle germait dans quelques cerveaux arméniens depuis le règne de Léon II; d'autre part la papauté avait su gagner des partisans chez les laïcs et chez les ecclésiastiques d'Arménie. L'instant semblait d'autant plus propice, que le cercle musulman se resserrait chaque jour autour de la Cilicie.

C'est alors que le catholicos, Grigor VII Anavarzétsi, prépara une profession de foi, en neuf chapitres. Il se proposait d'introduire dans l'église arménienne quelques réformes rituelles conformes aux désirs de Rome, et donner satisfaction à la papauté sans mécontenter la nation arménienne. Mais la mort le surprit avant d'avoir réalisé son projet, et, une fois encore, la tentative d'union n'aboutit pas. Cet événement se produisit dans les circonstances suivantes :

Léon IV, 1315, venait de monter sur le trône d'Arménie et, d'accord avec Héthoum, il avait convoqué un concile à Sis, capitale du royaume, pour examiner les propositions du feu catholicos. L'assemblée eut lieu le 19 mars 1307, et la nouvelle profession de foi, lue devant l'assemblée, était acceptée, grâce à la pression exercée par le roi. Les ecclésiastiques rentrèrent chez eux et se mirent en devoir d'appliquer les décisions de ce concile, ce qui provoqua de grands troubles parmi le peuple, qui ne voulait pas que l'on touche à la religion de ses pères. Les décisions de cette assemblée n'eurent un commencement d'application que dans la ville de Sis. Les habitants, hostiles au roi et à son oncle, excitèrent contre eux le général tatar Bilarghou qui, comme par hasard, se trouvait en Cilicie avec un corps d'armée. Bilarghou invita perfidement Léon et Héthoum dans la ville d'Anarzaba et les fit mettre à mort, ainsi que les princes leurs partisans, 13 août 1307. Ainsi périt dans le sang cette tentative nouvelle d'union.

Ochin, frère et successeur de Léon IV, ne se laisse pas instruire par les malheurs qui ont fondu sur ses prédécesseurs. Il convoque, en 1316, à Adana, une assemblée, où la réglementation de Sis fut de nouveau examinée et acceptée. Les clauses, il est vrai, n'en furent jamais appliquées, car de grands troubles éclatèrent derechef parmi le peuple, et le roi, voyant qu'il était impossible d'introduire dans l'église nationale n'importe quels changements, abandonna le projet.

Les préparatifs de guerre des Mamelouks devenaient formidables; le danger était imminent; les musulmans voulaient en finir avec le dernier Etat chrétien d'Orient. Ochin envoie deux ambassades en Europe, l'une au pape Jean XXII, l'autre au roi de France Philippe de Valois, leur présentant la situation déplorable des chrétiens d'Arménie, et leur demandant une aide immédiate.

La France était en guerre avec la Flandre et ne pouvait songer à faire parvenir du secours aux Arméniens. La situation de l'Arméno-Cilicie ne fit qu'empirer, de plus en plus tenaillée à l'extérieur par les ennemis du nom chrétien, de plus en plus tiraillée à l'intérieur par les luttes intestines provenant de la rivalité entre le nationalisme arménien et le latinisme qui faisait des progrès rapides.

C'est alors que les *Uniteurs*, sous la direction de Barthélemy de Bologne, troublèrent encore le pays, en suscitant de nouvelles querelles religieuses, en dressant le roi et les grands contre le peuple qui tenait pour l'église nationale.

Le nouveau roi Léon V obtint de l'Europe la promesse formelle qu'on allait venir au secours des Arméniens et délivrer les lieux saints du christianisme. A la tête du mouvement se mit le roi de France, Philippe VI, mais cette fois encore, on ne passa pas des paroles aux actes et le roi d'Arménie n'obtint, en fin de compte, que 10.000 florins du roi de France et quelques sacs de blé de la part du pape. Le sultan mamelouk Malik-en-Nazar, apprenant les rodomontades des chrétiens d'Europe et leur incapacité à secourir leurs frères d'Orient, décida de frapper le coup décisif. Les Mamelouks envahirent par deux fois la Cilicie, en 1335 et en 1337, semant partout la ruine et la désolation. Léon se réfugia dans les montagnes. Mais l'ennemi ne se retira que lorsque le roi des Arméniens eut juré, sur l'Evangile et sur la Croix, de n'avoir plus aucune relation avec les chrétiens d'Europe et de ne plus jamais leur adresser d'appel pour le secourir. De honte et de chagrin, Léon mourut, 1341, et c'en fut fait de la dynastie roubénienne dans l'Arméno-Cilicie.

A cette dynastie succéda sur le trône d'Arménie une branche des Lusignan apparentés aux rois de Chypre. Le latinisme semblait devoir triompher, tandis que l'Eglise arménienne, tout en menant la lutte, s'affaiblissait de jour en jour.

L'un de ces rois Lusignan, Constantin IV, s'efforça de mettre un terme aux maux dont souffrait le pays. On envoya une ambassade en Europe pour demander du secours contre les Egyptiens. L'ambassadeur arménien passa successivement par Venise, Paris et Londres. Ne trouvant de secours nulle part, il s'adressa de nouveau à Clément; cette fois, le pape lui donna clairement à entendre que le roi des Arméniens, ainsi que son église et son peuple, ne pourrait espérer de secours que lorsqu'il aurait réalisé tout ce qu'exigeait la cour de Rome. Constantin restait donc seul en face des ennemis de l'Arménie. Avec l'aide de quelques chevaliers de Rhodes, il marcha contre les Egyptiens, les battit et les expulsa du pays, et ce fut, pendant quelques années, un repos relatif dont jouirent l'église et le peuple d'Arménie (1357).

Le règne de Léon de Lusignan, dernier roi d'Arménie, marque la fin de la royauté en Arménie, et le triomphe définitif du Croissant sur la Croix, en Orient. A la suite d'invasions réitérées en Cilicie, les Egyptiens s'étaient rendus maîtres du pays, et le roi Léon était captif, emprisonné en Egypte. Il ne lui restait plus qu'un espoir : c'était de solliciter l'intervention des chrétiens d'Occident. Il écrivit au pape, au roi de France, ainsi qu'aux rois d'Aragon et de Castille, c'est-à-dire à tous ceux qui, officiellement, représentaient le christianisme européen; l'ambassadeur de Léon ne trouva de secours ni auprès du pape, ni auprès du roi de France; il passa en Espagne, où le roi Jean de Castille lui témoigna beaucoup de sympathie. Ce dernier envoya une ambassade honorable au sultan d'Egypte, en le priant de mettre en liberté le roi des Arméniens et sa famille. Le roi d'Aragon, Pierre IV, suivit son exemple, et le sultan consentit à offrir la liberté à Léon, 1382.

Léon se rendit d'abord à Jérusalem où la reine et sa fille entrèrent au couvent Saint-Jacques des Arméniens. Puis il passa à Chypre, à Rome où il exhorta le pape Urbain VI à prêcher une nouvelle croisade, à sauver l'église et à restaurer le trône d'Arménie. Il alla ensuite en Espagne, remercier le roi Jean, qui lui accorda, pour la vie, avec une pension annuelle, les trois villes de Madrid, Villareal et Andujar (1383).

Léon séjourna environ trois ans en Espagne, qu'il quitta pour diriger ses pas vers la France. Charles VI lui fit une réception vraiment royale, lui accorda une pension annuelle de 5.000 francs, et lui donna le palais Saint-Antoine, avec tout le mobilier.

En ce temps-là, l'Angleterre et la France étaient en guerre. Léon rêva de réconcilier ces deux Puissances, espérant, par là, obtenir les secours nécessaires pour expulser les Mamelouks du sol de l'Arméno-Cilicie, restaurer la royauté arménienne, et sauver l'Eglise et la nation arméniennes.

Dans cette intention et avec le consentement

de Charles VI, Léon se rendit plusieurs fois en Angleterre, 1383-1386; il y fut accueilli avec de grands honneurs par le roi Richard II. On envoya des délégués à Boulogne pour parlementer avec les représentants de la France sur les conditions de la paix. Les pourparlers n'aboutirent pas, les hostilités recommencèrent, et le roi d'Arménie, qui avait déclaré que le salut des peuples chrétiens et des églises de l'Orient dépendait de l'union des puissances européennes, découragé, désespéré, se retira au couvent des Célestins, où il termina sa vie, dans la dévotion.

Telle fut la fin du dernier roi d'Arménie, telle fut la fin de la royauté en Arméno-Cilicie, telle fut aussi la fin de l'Arménie en tant qu'Etat indépendant et autonome.

Mais il restait des Arméniens, il restait surtout une Eglise qui, à travers les siècles, malgré les difficultés les plus grandes, malgré les guerres, les dévastations, les ruines, les assassinats, les pillages, allait saisir le flambeau, rassembler les enfants épars de son peuple, créer des écoles, fonder des couvents, pour sauver la langue, la littérature et la religion des ancêtres. Malgré donc les tentatives d'étouffer l'Eglise arménienne, malgré les efforts sans cesse renouvelés de l'assimiler soit à la grande église orthodoxe, soit à la grande église latine, l'Eglise arménienne garde son originalité au point de vue de la langue, qui reste l'arménien; — elle garde son originalité au point de vue de la hiérarchie, qui est une hiérarchie très à part; — elle garde son originalité au point de vue de l'organisation de son clergé, qui comprend des réguliers et des séculiers. Et grâce à ces éléments divers, elle a sauvegardé le peuple arménien, elle l'a empêché de fusionner ou de succomber; elle a provoqué le magnifique épanouissement de l'architecture, de la calligraphie, de l'enluminure arméniennes au cours des siècles; elle a maintenu l'amour et l'usage de la langue, permettant de la sorte qu'au XIXe siècle de notre ère se produisit le renouveau de la littérature arménienne que vous connaissez tous, renouveau qui permit aux jeunes auteurs de chanter l'amour de la patrie, l'amour de la liberté, la soif ardente de l'affranchissement, renouveau littéraire qui provoqua le réveil du sentiment national chez les Arméniens, qui permit de préparer l'insurrection et la révolte, et qui, en fin de compte, en l'an de grâce 1918, facilita la reconstitution d'un Etat arménien et permit de réaliser une partie des rêves de jadis, en établissant la jeune République arménienne sur le sol même, où depuis trente siècles vit, meurt, souffre, espère l'antique nation arménienne.

C'est ce qu'en peu de mots, et avant de terminer, je crois devoir vous exposer.

Le clergé comprend des réguliers (dont je vous parlerai plus en détail dans un instant) qui vivent dans les couvents et qui ont eu une grande importance pour le maintien de la civilisation arménienne, en fournissant les évêques, comme dans toutes les églises d'Orient, et le clergé séculier, qui est marié, vit comme le peuple et très près du peuple ; il n'accède jamais ou presque jamais à l'épiscopat.

Le rite tient une très grande place dans l'office, tandis que la prédication n'en tient actuellement presque aucune, malgré l'institution des vardapets ou docteurs.

Catholicos. — L'église arménienne a un chef central, résidant à Etchmiadzin, au pied du mont Ararat, et qui est élu par un synode composé à la fois de délégués du clergé et de délégués des laïcs. Ce chef suprême ou catholicos a comme attributions spéciales de consacrer les évêques et de bénir le saint-chrême. « La consécration s'opère suivant les circonstances, et la bénédiction du saint-chrême a lieu tous les trois ou cinq ans. On en prépare une quantité suffisante pour les besoins de tous les diocèses. C'est un composé à base d'huile bouillie, avec un mélange de baume et d'essence, où entrent quarante espèces de plantes et de gommes odoriférantes. On y ajoute un litre environ du saint-chrême, prélevé sur une préparation antérieure, pour qu'il reste quelque chose du premier saint-chrême... »[1]

Le second degré de la hiérarchie ecclésiastique arménienne comprend les patriarches ou catholicos particuliers. Le siège catholical d'Althamar, dans une île du lac de Van, a été supprimé récemment; quant à celui de Sis, qui existe depuis l'époque de la royauté arméno-cilicienne, il étend sa juridiction sur les diocèses de Cilicie et de Syrie. Les patriarcats de Constantinople et de Jérusalem avaient des attributions, qui ont été fortement modifiées au cours des derniers événements. La situation actuelle est toute transitoire.

L'archevêque ou métropolitain constitue le

1. Cf. M. ORMANIAN, *L'Eglise arménienne...* (Paris, 1910)' in-8°, p. 105.

troisième degré de la hiérarchie, tandis que le quatrième comprend l'évêque.

« Les charges d'archiprêtre, de vicaire et de membre des conseils sont les seules accessibles au clergé marié. Le prêtre marié peut gérer un vicariat, en cas de vacance, mais il n'est pas admis à postuler le doctorat, ni la dignité de l'épiscopat, à moins qu'il n'entre dans les rangs du clergé célibataire après veuvage » [1].

« Le clergé célibataire est formé principalement dans l'enceinte des monastères. L'institution monastique arménienne n'a rien de commun avec le système des ordres religieux de l'Occident. Chaque monastère forme une communauté indépendante. Les membres, volontairement soumis aux prescriptions d'un réglement canonique, ne se lient point par des vœux religieux. Le temps des anachorètes et des moines contemplatifs étant irrévocablement passé, aujourd'hui les monastères n'ont plus d'autre mission que de préparer le clergé célibataire aux fonctions sacerdotales » [2].

L'église arménienne, étant autonome et auto-

1. Cf. M. ORMANIAN, *L'Eglise arménienne...* (Paris, 1910), in-8°, p. 108.

2. IDEM., *ibid.*, p. 109.

céphale, doit faire appel à toutes les bonnes volontés pour s'administrer. Je ne saurais mieux faire, pour vous donner une idée de cet état de choses et de cette façon de procéder, que de vous citer une page d'un des principaux prélats arméniens de Constantinople, qui voulait bien m'honorer de son amitié et de sa confiance.

« De ce qui précède, écrivait Mgr Ormanian en 1910 [1], on conclura que de toutes les communions chrétiennes, l'église arménienne est celle où triomphe, avec le plus d'éclat et de vérité, l'esprit démocratique. Elle est étrangère à l'exclusivisme sacerdotal, si néfaste à la bonne harmonie qui doit régner entre l'église et les fidèles, entre le pasteur et le troupeau. Cette tradition de la participation de l'élément laïque aux affaires de l'église remonte aux premiers temps de son histoire, et ses racines plongent aux sources les plus fécondes du christianisme. Ainsi les actes des conciles nationaux témoignent invariablement que jadis les princes et les satrapes, et, après eux, les notables et les délégués, en un mot les représentants du peuple, n'ont jamais cessé de siéger dans les conciles à côté des

1. *L'Eglise arménienne*, p. 118.

évêques et des docteurs. On les voit prendre une part active dans toutes les discussions touchant les questions doctrinales et disciplinaires, puis apposer au bas des actes et des canons leurs signatures, comme membres effectifs des conciles. Cet antique principe prévaut encore aujourd'hui dans les usages de la nation et c'est par lui que se justifie la présence des laïques dans les assemblées et dans les conseils ecclésiastiques. En faisant à cet élément une large part dans son administration, elle a conjuré les deux dangers qui mettent en péril l'église d'Occident, dont l'un s'appelle le cléricalisme, et l'autre l'indifférence en matière de religion ».

C'est sur ce jugement de l'un des principaux prélats arméniens contemporains que nous prendrons aujourd'hui congé de l'église arménienne. Si les Arméniens ont une langue et une littérature dont pourrait s'enorgueillir plus d'un peuple, ils ont aussi une église dont ils ont tout lieu d'être fiers. Par sa langue liturgique, par ses rites, par ses traditions, par son indépendance absolue, l'Eglise arménienne ne se rattache à aucune autre. Depuis que nous connaissons son histoire, l'Eglise arménienne a sa vie propre, particulière, autonome. Elle n'a pas failli, au cours des siècles, à sa mission d'éducatrice du peuple qui plaça en elle sa confiance. En sauvegardant la langue, la littérature et la civilisation du peuple arménien, son Eglise l'a sauvé de l'oubli et de la ruine dans lesquels ont sombré tant de nations, depuis que l'Evangile de Galilée fut proclamé la religion universelle de l'humanité.

II

En marge de l'Eglise arménienne

Il en est de l'Eglise arménienne comme de toutes les églises dites chrétiennes qui n'ont pas passé par le creuset d'une réforme ou de la Réforme. A côté de la doctrine officielle basée sur les conciles œcuméniques, sur les conciles particuliers et sur les synodes, qui ont proclamé l'unité de foi et de doctrine, la place doit être faite très large, dans un exposé historique, à l'étude des rites, des superstitions, des usages, qui sont autant de survivances païennes et bibliques, et qui jouent encore un rôle capital, souvent primordial, dans les pratiques religieuses du peuple.

Il ne saurait s'agir, dans les quelques instants dont nous disposons, d'envisager toutes les questions qui, de près ou de loin, touchent à l'Eglise arménienne, en dehors des questions doctrinales.

Beaucoup plus modeste, notre propos serait d'envisager deux, peut-être trois points qui se rattachent aux choses de la religion des Arméniens.

Dans une causerie, qui est avant tout de vulgarisation, il sera apparemment opportun de vous donner quelques renseignements sur le paganisme arménien. Par voie de conséquence, vous m'autoriserez à rechercher avec vous dans quelle mesure le folklore, les vieux thèmes mythiques, la théogonie ancienne des Arméniens se sont perpétués dans les contes populaires et je vous dirai quelques contes de fées, sans faire de comparatisme et surtout sans chercher à faire les rapprochements qui s'imposent entre tel conte de Perrault, de date plutôt récente, et tel conte arménien, d'âge déjà respectable. — Enfin, et si d'aventure nous en avons le loisir, nous consacrerons quelques instants à signaler ce qu'on est convenu de nommer des sectes et vous vous sentirez peut-être appelés à conclure avec moi qu'il n'y a pas, à proprement parler de sectes religieuses arméniennes.

Le tout vous sera exposé d'une manière naturellement fort brève, mais aussi claire que possible. Il ne s'agit pas de traiter ces questions d'une façon exhaustive, mais de vous les signaler simplement; et vous verrez de vous-mêmes l'intérêt et l'importance qu'il y aurait à pousser l'étude plus avant.

Paganisme. — Quoi qu'on en ait écrit, le paganisme de l'ancienne Arménie est relativement connu [1], et l'on peut aisément en dresser le bilan, si l'on veut bien prendre garde qu'en Arménie païenne, comme en Perse et en Asie antérieure à la même époque, chaque peuple n'avait pas son panthéon nettement délimité. On empruntait volontiers des dieux à son voisin, s'il était reconnu que ces dieux étaient plus puissants, meilleurs, plus favorables à leurs adorateurs que les propres dieux nationaux.

Il n'y a pas lieu de s'étonner outre mesure de rencontrer en Arménie païenne le même dualisme, la même opposition de deux principes que dans le reste de l'Iran. C'était la branche aînée des Arsacides qui régnait sur les Parthes, tandis que la branche cadette dominait sur l'Arménie. D'autre part, avant la période arsacide, ce qui devint plus tard l'Arménie fut longtemps soumis à la domination assyrienne, c'est dire que les divinités du temps de Sémiramis avaient eu le temps de

1. Cf. G. Dumézil. *Le festin d'immortalité...* (Paris, 1924), in-8°, p. 210.

s'implanter en Arménie et de plonger de profondes racines dans les croyances populaires.

En tout état de cause, il semble que l'on puisse distinguer trois périodes bien nettes dans le paganisme arménien.

La première est certainement la plus brillante et la plus importante. C'est la période perse, avec le grand culte d'Ahuramazda, d'Anahit et autres dieux secondaires. C'est le dualisme entre la *lumière bonne* et l'*obscurité mauvaise*, entre la vie, le jour, le bonheur et la mort, les ténèbres, les maladies. Aramazd est le dieu suprême, créateur du ciel et de la terre; c'est lui qui procure l'abondance et la fertilité. Je n'insiste pas, ses caractéristiques sont connues.

Anahit était la déesse par excellence, la grande dame, la maîtresse de tout. L'Anahita iranienne était la « sans tache », la « grande », la « puissante », la « mouillée », la « déesse des eaux »; elle était donc pure, puisque l'eau est pure.

Grande est la Diane des Ephésiens, disait-on jadis. Avec autant de justesse le pouvait-on dire de l'Anahit d'Arménie; d'après les auteurs arméniens anciens, elle présenterait cette particularité dans le panthéon arménien : elle serait la mère de toute chasteté, contrairement à la notion que l'on avait en Syrie et ailleurs de la grande déesse. Le culte d'Anahit était très répandu en Arménie, la preuve en soit le grand nombre de temples qui lui étaient consacrés. Astlik et Nanê étaient encore l'objet de beaucoup de dévotions. On a depuis longtemps proposé d'identifier l'Astlik arménienne avec l'Ichtar des Assyriens et avec l'Aphrodite des Grecs. Quant à Nanê, que l'on dit être fille d'Aramazd, on l'a assimilée à Astlik, alors que l'historien Josèphe l'identifie à Artémis.

Le dieu Barcham, éclatant de blancheur, avait dû passer de Syrie en Arménie, avec son principal sanctuaire, à Tordan, et il semble bien qu'il faille lire son nom Baal Chamin, le dieu ou le maître des cieux.

Enfin le dieu Tir, qui n'est mentionné que dans Agathange, correspond peut-être à Hermès ou Mercure. Il enseignait tous les arts, il servait de scribe à Ormizd, il inspirait les songes que l'on interprétait dans son temple [1].

Avec Mihr, dont Agathange dit qu'il était fils d'Aramazd ou Ormizd, nous avons affaire à un

1. Cf. J.-B. Emin, *Recherches sur le paganisme arménien* (Trad. A. de Stadler), Paris, 1864, in-8°, p. 8-20.

dieu beaucoup plus connu et à un culte beaucoup plus répandu. Le Mithra des Grecs et des Romains avait des sanctuaires dans toute l'Asie antérieure; son principal temple en Arménie était à Armavir, l'antique capitale du pays arménien. Ce dieu n'était autre que le Soleil, dieu du feu invisible, mais se manifestant par deux émanations matérielles : Areg-akn = œil d'Areg, c'est-à-dire le soleil visible, et Lousin = la lune.

Si le principal temple d'Areg-Akn et de Lousin était à Armavir, il convient de noter qu'un second temple, presque aussi important que le premier et où l'on entretenait perpétuellement le feu sacré, se trouvait à Bagavan, l'actuelle Bakou, capitale du pétrole, et dans le voisinage de laquelle, de nos jours comme jadis, les exhalaisons des marécages et des couches de naphte s'enflamment spontanément.

Une autre manifestation visible de Mihr était Arev, que l'on traduit également par « Soleil », et que l'on retrouve dans les composés « arevelq » l'orient, et « arevmoutq », le couchant.

Le culte d'Arev se prolongea très avant dans le moyen âge arménien et, au XIIe siècle de notre ère, le patriarche Nersès reproche encore aux habitants de Samosate de pratiquer le culte d'Arev et d'adorer les *dews*.

On a objecté que les Arméniens païens ne pratiquaient pas rigoureusement le dualisme mazdéen des Perses, puisque l'on ne rencontre pas chez leurs auteurs le nom de l'ennemi d'Aramazd. A cela, il est aisé de répondre que Elisée, dans la lettre de Mihr Nersch et Eznik dans le passage parallèle, mentionnent parfaitement Ahriman comme antagoniste d'Aramazd. Il est vrai que, pour certains savants, la lettre de Mihr Nersch n'est pas un original arménien, mais qu'elle a dû être composée par un étranger, peut-être un Grec, ou plutôt un Syrien, et qu'elle a été utilisée par Elisée.

La chose est possible, mais je me permettrai de renvoyer à l'*Armenische Grammatik*, de Hübschmann (p. 26) où, à côté de la forme iranienne *Arhmn*, on a *Haraman* qui semble bien être une forme de l'arménien populaire.

On sait [1], d'après les traditions des Perses, qu'Ahriman, à la tête de ses dews, ayant échoué dans son attaque contre Aramazd, dut se sauver et, sous la forme d'un dragon, se précipita du ciel

1. EMIN-STADLER, *op. cit.*, p. 27.

sur la terre. On sacrifiait à ces dragons, dew ou vichap, des victimes humaines, des jeunes filles et des jeunes gens.

Les Arméniens, comme les anciens peuples païens, comme on le fut à Rome, étaient hospitaliers à tous les dieux étrangers et, au IIe siècle avant notre ère, vers l'an 114, on voit les divinités grecques s'implanter en Arménie. Des statues magnifiques, des idoles en bronze et en or, trouvèrent leur place dans les principaux sanctuaires de l'Arménie païenne [1]; si l'on s'en réfère aux données d'Agathange et de Moïse de Khorên, Dios Olympien fut placé dans le temple d'Aramazd à Ani, Athènê fraternisa avec Nanê dans le temple de Til, Artémis partagea avec Anahit le sanctuaire d'Erez, et Héphaistos ne se trouva pas incommodé de rencontrer le dieu Mihr dans le sanctuaire qu'on lui réserva à Bagarindj.

Enfin, des dieux d'origine syrienne, tels que Nabog = Nébo, Bel = Pel (Baal), Bathniqal et Tharath, furent introduits en Arménie par les soins du roi Abgar, qui les transporta de Nissibe (Medzbin) à Edesse.

1. EMIN-STADLER, *op. cit.*, p. 31-32, et A. CARRIÈRE, *Les huit sanctuaires de l'Arménie payenne*... (Paris, 1899), in-8°, *passim*.

C'est plus qu'il n'en faut pour vous montrer la variété et la multiplicité des dieux qu'adoraient les Arméniens païens. Ce n'étaient pas des dieux nationaux, les principaux étaient incontestablement d'origine iranienne. Mais, sous les dynasties arsacides, les Arméniens étaient si rapprochés des Perses, qu'il n'y a pas lieu de s'étonner de les voir pratiquer à peu près les mêmes cultes.

* * *

Contes, Folklore. — Si les saints de quelques églises chrétiennes sont, dans une certaine mesure, les successeurs des dieux [1], il n'y aura pas davantage lieu de s'étonner de voir de vieilles traditions, d'antiques croyances, braver le temps et se perpétuer jusqu'à notre époque. On en trouvera la trace incontestable dans les contes et les légendes populaires que l'on fait connaître de nos jours par des traductions et des analyses, et qui ouvrent ainsi le champ aux recherches critiques.

L'on observera à bon droit que, dans ces légendes, chez les Arméniens comme ailleurs, les

1. Cf. P. Saintyves, *Les saints successeurs des dieux*... (Paris, 1907), in-8°, *passim*.

esprits, les démons, les dews y jouent un rôle capital. Et ici, l'on me permettra une remarque.

S'il est incontestable que les principales données du folklore arménien découlent du monde iranien, il me semble qu'il convient également de faire la place très large aux données évangéliques. Il n'y a guère de peuple chrétien qui soit aussi imprégné de la Bible que les Arméniens. Ils ont dû largement puiser aux sources démonologiques du N. T. eu égard au rôle capital que jouent les démons, les serpents, les dragons, dans leurs contes. Je me crois autorisé à insister sur ce point, car je n'ai jamais rencontré cette observation dans les nombreuses recherches que j'ai faites à ce sujet.

On sait la place très grande que le diable et les démons — en arménien *dews* — occupent dans les récits évangéliques. Ils jouent un rôle de premier plan dans la vie du Christ. Sans confondre le *diabolos* avec un *dew*, on observera que, au début de son ministère terrestre, le Christ est tenté par le diable, qui lui promet la domination du monde s'il consent à l'adorer. C'est indiquer à un peuple aussi bibliste que les Arméniens la toute puissance du diable et de tous les esprits (*dews*, *aïss*) qui en dépendent.

Ce sont des démons qui, des premiers, reconnaissent et proclament la divinité de Jésus (Mc III, 11) en ces termes : « Les esprits impurs, lorsqu'ils le voyaient, se prosternaient devant lui et s'écriaient : Tu es le fils de Dieu! »

Jésus guérit les démoniaques en chassant, c'est-à-dire en faisant sortir les démons du corps de celui qui en était possédé; c'est ainsi qu'il chassa sept démons ou *dews* de Marie-Magdeleine.

Il était donc naturel qu'un peuple aussi bibliste que l'arménien fît la place très large, dans son folklore, dans ses traditions légendaires, à la démonologie néotestamentaire. Il me semble, mais je puis me tromper, que cette croyance aux démons, ce rôle que jouent les *dews*, les *aïss* dans la croyance populaire arménienne procèdent autant du folklore biblique et néotestamentaire que des doctrines iraniennes.

Du reste, ces *dews* et ces démons n'étaient pas tous méchants par définition; il en était jadis chez les Arméniens, comme de nos jours dans le parler français. Lorsque vous dites de quelqu'un que c'est un bon diable, vous entendez dire que c'est un bon garçon, un brave homme; et si vous rencontrez une femme extraordinairement fraîche de jeunesse, vous déclarez qu'elle a la beauté du diable. Par contre, dans ce même parler français, si vous qualifiez quelqu'un de diable ou de démon, vous entendez dire par là que c'est une personne méchante.

Il en va de même pour les fées, qui jadis étaient bonnes ou mauvaises et qui, de nos jours, dans le parler de nos contemporains, ont conservé deux acceptions bien différentes : lorsque vous admirez un travail de broderie d'une extrême perfection, vous n'hésitez pas à dire que c'est un ouvrage de fée, — et si vous voulez caractériser d'un mot une vieille personne désagréable et revêche, vous dites d'elle que c'est une vieille fée.

Les anciens Perses, les vieux Arméniens, les Arabes à leur suite, ont connu ces contes de fées, ces croyances populaires où l'on parlait des héroïnes qui pourraient bien être les grand'mères de Mélusine, de Morgane, d'Urgèle, de la Dame blanche, voire même de la Belle au Bois dormant et du petit Chaperon rouge. Et, si vous le voulez bien, nous parlerons maintenant de ces contes et de ces légendes populaires, très en cours actuellement encore chez les Arméniens, et qui présupposent derrière eux tout un passé de croyances iraniennes et néotestamentaires.

La littérature populaire des Arméniens a été jusqu'à présent peu étudiée et est peu connue [1]. Elle mérite cependant de l'être. Riche en contes, en chansons, en légendes épiques à contenu religieux ou mythique, elle offre souvent des récits cosmogoniques du plus haut intérêt pour l'histoire littéraire, l'ethnographie, la philologie, l'étude comparée des mythes et des religions.

Sans pousser l'enquête très avant et sans faire de comparatisme, ce qui ne serait ni le lieu ni le moment, on peut à tout le moins signaler quelques thèmes qui, arméniens, ne laissent pas de présenter des analogies avec ceux d'autres peuples.

On connaît le thème du sommeil magique provoqué par la piqûre d'une épine, d'une aiguille, d'un fuseau. De vieux contes arméniens racontent l'histoire de vieilles sorcières ou de mauvaises fées qui, par leur parole magique, plongent dans un sommeil prolongé le fils ou la fille du roi.

Enfin, on n'ignore pas l'histoire de ces dormeurs qui sont engloutis par une montagne et

1. Ceci, d'après Grikor CHALATIANZ, *Märchen und Sagen...* (Leipzig, s. d.), in-16, *Einleitung.*

qui ne se réveillent qu'au bout d'un assez long temps. Je ne résiste pas au plaisir de vous dire le Conte des dormeurs. Vous verrez quel tour plaisant, quel humour le narrateur arménien a su donner à son récit :

LE CONTE DES DORMEURS [1].

Nos ancêtres disent qu'un jour trois personnes sortent du village et vont loin, très loin. Après avoir marché assez longtemps, ils arrivent dans une plaine où ils s'installent; ils mangent leurs provisions, ils se reposent pour traverser la montagne le lendemain.

A peine sont-ils assis que, l'on ne sait comment, la montagne descend sur eux, de sorte qu'ils restent enfermés, comme dans une caverne. Seul un petit trou permet d'en sortir.

Un des compagnons se couche par terre et dit : « Moi, je dormirai jusqu'à demain ». Tandis que l'autre s'allonge et dit : « Je dormirai jusqu'à

1. Cf. F. MACLER, *Contes et légendes de l'Arménie*... (Paris, 1911), in-16, p. 42-44.

l'année prochaine à la même époque. » L'autre aussi se couche et dit : « Je dormirai jusqu'à la fin du monde ».

Celui qui a dit : « Moi je dormirai jusqu'à demain, » à peine l'aube venue, se réveilla, sauta de sa place, descendit au village, annonça la nouvelle : « Savez-vous ce qui est arrivé? dit-il. Nous étions trois compagnons; nous suivions notre chemin. Nous arrivâmes à un endroit pour nous reposer. Soudain la montagne s'écroula sur nous; nous demeurâmes sains et saufs dessous; et il resta un trou pour sortir. L'un de nous dit : Moi, je dormirai jusqu'à demain. Le deuxième dit : Moi je dormirai jusqu'à l'année prochaine à la même époque. L'autre dit : et moi, jusqu'à la fin du monde. — Moi je dormis un jour et je vins vous le raconter. Si vous ne me croyez pas, venez, allons, et vous le verrez de vos propres yeux ».

Quelques hommes courageux sortent du village et l'accompagnent. Arrivés à l'endroit fixé, ils pénètrent dans la grotte. Ils voient que deux personnes sont couchées. Ils restent là jour et nuit, pour vérifier si c'est vrai ou non.

Au bout d'une année, le deuxième compagnon se réveille à son tour; il se lève. Les gardiens, à côté, disent : « Dzô ! Quel sommeil est-ce donc? Voilà, il y a un an que nous t'attendons ».

— Hum ! est-ce beaucoup un an?

Voilà mon compagnon qui dormira même jusqu'à la fin du monde. Si vous ne le croyez pas, restez donc là jusqu'à ce qu'il se réveille... »

Le thème de la pétrification, que Dieu envoie aux enfants désobéissants ou aux paysans cupides, est certainement d'origine récente et chrétienne.

Les serpents magiques et les dragons, qui jouent un si grand rôle dans les croyances et dans les récits populaires, sont vraisemblablement les succédanés de vieux mythes perses, où Ahriman, à la tête de ses *dews*, marche contre Ormuzd. Le peuple voit dans le dragon l'incarnation d'Ahriman, principe du mal, et ce culte était très répandu chez les Mèdes et les anciens peuples, au contact desquels vivaient les vieux Arméniens.

Au dire de Moïse de Khorên, on vénérait encore en Arménie, au IVe siècle de l'ère chrétienne, deux dragons noirs auxquels on sacrifiait des vierges chastes et pudiques. Cette représentation du dragon est encore courante aujourd'hui dans les contes arméniens. Dans ces derniers, les dragons sont méchants, altérés de sang, friands de chair humaine, et se tiennent de préférence dans le voisinage des sources où se rendent les jeunes filles pour puiser de l'eau.

Toute une série de contes expose comment les dragons se comportent à la source, comment ils s'offrent à puiser de l'eau pour les jeunes filles en échange de leur pudeur, et comment un héros apparaît qui, de son épée rapide comme l'éclair, libère la contrée de ce monstre hideux.

Parmi les récits populaires, ceux qui concernent les dragons et les démons sont particulièrement intéressants, notamment en ce qui regarde la durée de leur vie. Si l'un de ces monstres est âgé de mille ans, il devient énorme; pour qu'il n'engloutisse pas l'univers, les anges descendent du ciel sur la terre, l'attachent avec de fortes chaînes et le font monter si haut dans le ciel que l'ardeur du soleil le réduit en cendres.

Dews. — A côté des dragons, les contes arméniens font la place très grande aux *dews*; ils jouent un rôle important, surtout dans les récits de contenu mythique.

Le dew était un être invisible, un esprit qui, chez les anciens Indous possédait de bonnes qualités, et de mauvaises dans la doctrine de

Zoroastre. C'est de cette dernière, ainsi me semble-t-il que des récits évangéliques, que paraît s'inspirer la croyance des Arméniens d'après laquelle, dans les anciennes légendes, le dew est un mauvais esprit qui combat tout ce qui est bon. Avec le temps, cette représentation subit des changements et, dans des contes populaires de date apparemment plus récente, le *dew* n'est plus un esprit sans corps et immortel, mais un être mi-démon et mi-homme, une sorte d'esprit impur qui revêt différentes formes, de géants, de monstres, et a souvent plusieurs têtes. Ce *dew* est mortel; l'homme peut le tromper, l'effrayer, voire le mettre à mort. Il peut épouser une femme et séjourne d'ordinaire dans le monde souterrain ou dans le royaume des ténèbres, parfois dans les cavernes ou dans les forêts profondes. Il apparaît toujours comme possesseur de richesses inépuisables, telles que l'or, l'argent, les pierres précieuses, ravissant souvent les filles des rois.

Dans ses jardins, à la source de l'eau de la vie croissent les pommes de la vie et les melons de la vie. Dans ses châteaux enchantés habitent des oiseaux magiques en or, des chevaux de feu, des buffles de feu, qui peuvent en un clin d'œil traverser l'univers. Toutes ces choses, il les a volées aux rois et aux héros qui, de longues années, peinent et se tourmentent pour anéantir le *dew* et rentrer en possession des objets volés.

Si le *dew* ravit la fille d'un roi, il demeure son fidèle serviteur. Toute sa vie est consacrée à contenter la belle, qui, de son côté, lui impose les tâches les plus difficiles à accomplir, comme de faire une souris en argent, un chat en argent, un coq et un renard en or, et de leur insuffler la vie, pour qu'ils puissent se courir après et s'attraper. La fille du roi occupe et distrait ainsi le *dew*, jusqu'à ce qu'un héros ou une bonne fée vienne tuer le *dew* et délivrer la belle.

Sous l'influence du christianisme, certains *dews* ont changé de caractère. Ce ne sont plus les maîtres orgueilleux du monde souterrain, qui possèdent des palais magnifiques et des trésors sans nombre. Leur orgueil a été dompté et, de maîtres ils sont devenus des domestiques employés à tous les services d'un saint.

Métamorphoses. — Il y a, chez les Arméniens, de nombreuses légendes relatives aux *métamorphoses* [1]. A l'époque païenne, la croyance à ces

1. Cf. Chalatianz, *op. cit., passim.*

métamorphoses avait beaucoup d'importance : Une magicienne gâte l'eau de toutes les sources, et celui qui en boit est immédiatement transformé en animal. — Il y a d'autres genres de métamorphoses, celle par exemple qui provient du fait de revêtir la peau magique ou enchantée de tel ou tel animal, telle la jeune fille-gazelle : sous forme de gazelle, une jeune fille court dans les forêts et les ravins, et attire dans son château enchanté les chasseurs égarés. Là, et sans qu'on le remarque, elle se métamorphose en une jeune fille, offre l'hospitalité aux chasseurs et leur propose de lutter avec elle. Celui qui sera vaincu devra rester dans une fosse profonde. La jeune fille est encore plus rusée que forte et, par différents stratagèmes, elle réussit toujours à vaincre son adversaire et à le jeter dans la fosse profonde.

Un des sujets préférés dans les contes à métamorphoses est celui où un Prince-Fiancé, doué de forces magiques, revêt le jour la forme d'un animal, et la nuit sa véritable forme. Mais sa fiancée n'en doit rien dire à personne. Telle une femme de la Barbe-Bleue, elle ne peut résister au plaisir de bavarder et, comme punition, elle perd son bien-aimé et ne le retrouve que lorsqu'elle a porté une paire de souliers en fer et brisé une barre d'acier.

Et, avec cela, elle n'en a pas fini avec ses épreuves. Son fiancé vit maritalement avec une magicienne. La fiancée achète à cette magicienne le droit de passer trois nuits avec son mari qui est plongé dans le plus profond sommeil; au cours de la dernière nuit, elle réussit à le réveiller de son sommeil magique et à fuir avec lui. La magicienne poursuit les fugitifs, mais le peigne magique et le miroir, qui se transforment tantôt en forêt épaisse et tantôt en mer, leur procurent les moyens d'échapper à la magicienne.

En prenant ces contes mythiques comme point de départ, le christianisme arménien les a conservés, tout en leur donnant un tour plus moral. En voici un exemple [1] :

Non loin de la ville de Van se trouve une source qui a la forme d'un foyer et que le peuple dénomme le « saint foyer ». Sans distinction de religion, les Arméniens, les Turcs, les Iezidis, les Kurdes y viennent en pélerinage. Dans la source se trouve seulement un poisson et celui à qui il se montre aura du bonheur.

1. CHALATIANZ, *op. cit.*, p. XXVII-XXVIII.

On raconte que ce poisson avait jadis été une femme, la preuve en soit l'anneau en argent que le poisson porte au nez. Ce poisson aurait donc été la femme d'un prêtre, d'une beauté indescriptible. Un jour, comme elle était assise au foyer et qu'elle cuisait le pain, un mendiant entra vers elle et demanda du pain. Elle satisfit aussitôt à sa requête. Puis le mendiant demanda d'autres aliments et du vin, qu'il obtint également. Mais, ravi par la beauté de la femme, il alla jusqu'à solliciter un baiser. D'abord la femme du prêtre s'y refusa, puis elle se ravisa, pensant qu'il n'y aurait aucun péché à accéder à la demande d'un pauvre mendiant. Au moment précis où elle se laissait embrasser, son mari entra. D'épouvante et de honte, elle se précipite dans le foyer allumé et, après elle, le prêtre lui-même. Par la volonté de Dieu, le prêtre fut entièrement consumé, tandis que sa femme était métamorphosée en poisson. Le foyer devint une source dans laquelle le poisson établit sa demeure.

Malgré le tour chrétien que l'on a essayé de lui donner, ce conte appartient au cycle mythologique bien connu dans toute l'Asie antérieure et dont le prototype semble être le récit syrien du mythe de Derketo (Atargatis), si connu dans la région d'Ascalon.

Sorcières et magiciennes [1]. — Pour compléter ce chapitre consacré aux thèmes principaux des contes arméniens, permettez-moi de vous dire quelques mots des sorcières, des magiciennes, de ces gens qui, doués d'un esprit de python, vous sont déjà connus par les récits bibliques.

Dans les contes arméniens, comme dans les autres branches du folklore, il y a des sorcières bonnes, prêtes à porter secours à qui les implore. Il en est d'autres qui sont méchantes, se montrent partout ennemies de l'homme et se nourrissent même de chair humaine.

D'après la tradition, les sorcières habitent les ruines des vieux moulins, les tours délabrées des vieux manoirs. A l'apparition de la lune, elles quittent leurs demeures mystérieuses, tenant à la main de monstrueux serpents. Les Arméniens nomment ces sorcières les « mères de la nuit ». Ce sont de grandes ennemies du soleil, qu'elles poursuivent continuellement, sans le pouvoir jamais atteindre. Seulement vers le soir, les sorcières se rapprochent sensiblement du soleil; mais, au moment précis où elles croient l'attein-

1. Chalatianz, *op. cit.*, p. XXXI, *sqq.*

dre, il disparaît. Alors, elles secouent les serpents sifflants, elles les envoient poursuivre le soleil à travers les villes, les villages, partout où il a laissé derrière lui la hideuse obscurité.

Lorsqu'elles remarquent que leur poursuite est vaine, et que le soleil n'est plus sur la terre, elles descendent dans le monde inférieur. Elles y sont à peine parvenues que l'aube commence à poindre à l'Orient.

Ce combat entre le soleil et ses ennemies enragées, entre la lumière et l'obscurité, dure depuis les temps lointains d'Adam; il recommence chaque jour et, jusqu'à présent les sorcières n'ont pas encore réussi à s'emparer du soleil et à le dompter.

Il est à présumer que l'inimitié des sorcières arméniennes à l'endroit des lumières célestes et la poursuite qu'elles en font continuellement est une très vieille particularité de leur caractère. Elle précise la nature de ces sorcières, comme personnification du sombre, de l'obscur de la nuit, d'où, et par conclusion toute naturelle, l'idée du mal, du méchant, de l'ennemi découle logiquement.

Voici, à titre d'exemple, [1] un conte arménien

1. CHALATIANZ, *op. cit.*, p. XXXIII.

relatant cette lutte du soleil, prince de la lumière et du bon, contre les puissances des ténèbres [1] :

Lorsque, au cours de la journée, le soleil a parcouru l'univers, et que, la nuit venue, il tombe dans la mer pour se baigner, il s'étend sur un lit de repos, au fond de l'Océan, pour se délasser de ses expéditions et de sa course à travers l'espace. Le soleil est le roi, la lune est la reine, et tous deux, à tour de rôle, régissent l'univers.

Lorsque le soleil repose, la lune sort et, par pudeur, se recouvre souvent d'un voile épais, tandis que de nombreuses servantes l'entourent et l'accompagnent.

Avant l'aube, s'avancent des montagnes douze nègres, tenant en leurs mains chacun un bâton brillant, avec lequel ils frappent les hautes montagnes. Celles-ci inclinent leurs sommets au niveau de la terre. A ce moment, le soleil est déjà réveillé et il procède aux soins de sa toilette; la poussière d'eau qui s'en dégage arrose les champs et les forêts. — A la fraîcheur odorante de l'air, les oiseaux s'éveillent et gazouillent joyeusement. Alors apparaît la tête majestueuse et dorée du soleil; ses cheveux sont brûlants

1. Chalatianz, *op. cit.*, p. XXXIII.

comme du feu; les anges recouvrent son lit et revêtent leurs habits de feu. Cependant, toute une troupe de dragons guette le soleil, pour lui barrer la route et priver le monde de sa lumière salutaire. Mais les anges du ciel se précipitent sur eux avec des épées de feu et les dispersent instantanément, et le soleil continue sa course majestueuse.

N'est-ce pas, toute proportion gardée, Odin qui, le matin, conduit le soleil dans le ciel et, la nuit venue, plonge avec lui dans la mer?

Je ne poursuivrai pas davantage ces histoires de fées et ces récits cosmogoniques, mais j'aimerais, avant de prendre congé des *dews*, vous lire le conte du *poisson à tête d'or*. Il est de date relativement récente, le roi de France y est contemporain du roi d'Egypte, des traits rappellent à s'y méprendre l'histoire de Tobie. Et, malgré cela, ce conte est dans la tradition antique du vieux jugement de Salomon.

LE POISSON A TÊTE D'OR [1]

C'était dans les temps anciens. Il y avait un roi d'Egypte qui était devenu aveugle. Les méde-

1. Cf. F. MACLER, *Contes arméniens*... (Paris, 1905), p. 149, *sqq*.

cins avaient fait tout ce qu'ils avaient pu pour lui rendre la vue, mais en vain : ils n'avaient pas réussi. Le roi, ayant entendu dire qu'il y avait au pays des Anglais un vieux médecin, âgé de trois cents ans, fit écrire à l'empereur des Anglais une lettre ainsi conçue :

« Vous, grand roi, je vous prie de m'envoyer le vieux Dr Djindjin, qui habite dans votre pays, afin qu'il m'ouvre les yeux. Le service que vous me rendrez ne sera pas oublié : on s'en souviendra encore *sept* générations après moi. Et ce me sera un présent aussi précieux que si vous m'aviez fait cadeau de votre ville de Londres.

« Votre humble serviteur,

LE ROI D'EGYPTE. »

L'empereur des Anglais s'empresse d'envoyer le Dr Djindjin. Il arrive; il examine les yeux du roi et dit : « Apportez-moi un poisson à tête d'or, que vous irez pêcher dans l'Océan. Avec son sang, je préparerai un onguent qui vous guérira ». Il indique quelle est la forme de ce poisson et ajoute : « J'attendrai cent jours; passé ce temps, si vous ne me l'apportez pas, je m'en retournerai ».

Le fils du roi — c'était son fils unique — prend

avec lui cent hommes et cent filets. Ils s'embarquent et vont au milieu de l'Océan. Ils prennent beaucoup de poisson, mais aucun d'eux n'est le poisson à tête d'or. Le temps s'écoule, les trois mois sont près de finir et le docteur songe à son départ. Le fils du roi dit : « Laissez-moi jeter ce filet encore une fois, au hasard ». Il le jette et il en retire le poisson à tête d'or. On le met dans une grande bouteille pleine d'eau et on revient en Egypte.

Le jeune homme regarde le poisson; il a pitié de lui, et, quand on s'approche de la terre, il le prend et le rejette à la mer en disant : « Qu'il s'en aille et qu'il vive! » et en répétant le proverbe : « Si le poisson ne le sait pas, le ciel le saura ».

Il arrive au palais et raconte à son père ce qui s'est passé. « Comment! s'écrie son père avec colère, tu veux donc ma mort, afin de régner à ma place! Qu'on fasse venir les bourreaux et qu'on lui tranche la tête! »

Mais le jeune homme était le fils unique de sa mère. On revêt de ses habits un autre jeune homme, que l'on pend à sa place, et sa mère, remplissant ses poches d'or et d'argent, le fait échapper et conduire dans une île lointaine. « Si tu veux prendre un domestique, lui dit-elle comme dernier conseil, n'en prends pas un qui veuille être payé chaque mois ».

Le jeune homme arrive dans l'île. Il y loue une maison. On s'empresse autour de lui, chacun lui offre ses services, mais à condition d'être payé : il n'en accepte aucun.

Un jour, survient un Arabe qui s'offre aussi à être son serviteur.

— Oui, répond le jeune homme; mais combien demandes-tu pour tes gages?

— Je ne veux pas d'argent; tu me donneras ce que tu voudras.

Le marché est conclu, ils vivent ensemble.

Il y avait dans cette île un monstre qui faisait la terreur du pays; personne n'osait sortir de chez soi. Le travail des champs est abandonné, on ne se livre plus au commerce; les habitants songent à quitter l'île devenue inhabitable. Le vali du pays envoie des soldats et des hérauts, pour s'informer s'il ne se trouvera pas quelqu'un pour tuer le monstre.

Notre Arabe va trouver le vali et lui dit :

— Que donnerez-vous, si mon maître tue le monstre?

— Je lui donnerai ma fille et, en plus, tout ce qu'il voudra.

— Donnez votre fille et gardez vos biens. Mais dorénavant, la moitié de tout ce que vous gagnerez sera pour elle.

On signe ce contrat. L'Arabe va tuer le monstre; il lui coupe les oreilles et les apporte au jeune homme qui les porte au vali. Le vali lui donne sa fille et la moitié de tout ce qu'il gagne. A sa mort, c'est son gendre qui lui succède. Dans l'intervalle, il lui naît un fils.

Un jour, l'Arabe dit à son maître : « Laisse quelqu'un ici à ta place et allons à Paris. » Ils font une provision de parures, de diamants, et les voilà partis. L'Arabe lui dit : « Va demander en mariage la fille du roi des Français. »

Le jeune homme va faire la demande.

— Monsieur le vali, lui répond le roi, je veux bien vous accorder ma fille. Mais je vous avertis que je l'ai déjà donnée en mariage à cent quatre-vingt-dix jeunes gens, et tous sont morts. J'ai bien pitié de vous. »

Le jeune homme s'effraie, mais l'Arabe lui dit : « Prends-la, n'aie pas peur ».

Le jeune homme épouse la jeune fille et on célèbre les noces d'une façon sommaire. Les serviteurs du roi préparent le linceul du jeune marié et se mettent en devoir de creuser sa fosse. La nuit venue, au moment de se retirer, l'Arabe se cache dans un placard, et lorsque tout le monde est bien endormi, il vient s'asseoir à leur chevet, tenant un poignard d'une main et une pince de l'autre.

A minuit, voilà que la bouche de la jeune fille s'entr'ouvre et il en sort un serpent noir qui se dirige vers le jeune homme pour le mordre. Mais l'Arabe saisit le serpent avec la pince et lui coupe avec le poignard la tête qu'il va cacher dans le placard.

Le matin, quand on vient chercher le corps du jeune marié pour l'enterrer, on voit avec stupéfaction qu'il est sain et sauf et bien vivant. On court avertir le roi et lui annoncer cette bonne nouvelle.

La nuit suivante, il sort encore un serpent de la bouche de la jeune femme, et l'Arabe le tue de même. Depuis ce moment, les deux époux vivent tranquilles. Le roi de Paris n'avait pas non plus de fils; à sa mort, c'est son gendre qui lui succède sur le trône.

Les jours se passent et voilà qu'arrive d'Egypte un messager, qui vient lui annoncer de la part de sa mère que son père est mort et que le trône lui revient de droit.

L'Arabe lui conseille de mettre un Français à sa place en France, et de s'en retourner dans son pays en emmenant sa femme. Et c'est ce qu'il fait : il hérite donc du trône paternel. L'Arabe lui demande alors la permission de se retirer.

— Tu m'as rendu tant de services, lui dit le roi, que je ne saurais comment te récompenser dignement. Tout mon bien t'appartient, prends ce qui te plaît.

— Je te laisse tous tes biens, répond l'Arabe. Mais nous allons couper toutes tes femmes en deux, et nous les partagerons.

— Pourquoi les couper en deux? dit le roi. Prends les plus belles.

— Non, dit l'Arabe. Ce ne serait pas un partage équitable. Tu pourrais plus tard me reprocher d'avoir pris la plus belle.

— C'est vrai, dit le roi; je ne puis rien te refuser.

L'Arabe prend la fille du roi de France; il la saisit par les pieds et se met en mesure de la couper par le milieu. La malheureuse, épouvantée, pousse des cris de terreur : un serpent noir tombe de sa bouche. L'Arabe tue le serpent, il épargne la jeune femme et, se tournant vers le roi :

— Garde ta femme et tous tes biens, lui dit-il. J'ai fait mon devoir. Vous n'avez plus de malheur à redouter. Vivez heureux ensemble. Vous m'avez sauvé la vie : tout le bien que je vous ai fait est peu de chose en comparaison. Je suis le poisson à tête d'or ».

Sectes. — Mais, quittons le domaine enchanté des fées et des *dews*, et revenons à des sujets plus austères.

Quelques auteurs, d'une façon superficielle et que l'on regrettera, ont parlé et traité des sectes arméniennes. Les Arméniens sont tout ce qu'il y a de moins sectaires, ils sont fort peu créateurs de sectes, et ceci, à l'encontre des iraniens et des Russes qui fabriquent des sectes à jets continus. Les sectes, en Arménie, proviennent d'éléments étrangers. Aussi peut-on et doit-on traiter, non des sectes arméniennes, mais des sectes chrétiennes ou autres en Arménie. On note que l'Eglise arménienne eut à lutter contre les Manichéens, les Gnostiques, les Pauliciens et autres sectaires qui se multipliaient en Arménie au VIIIe et au IXe siècles [1]. Le renseignement est exact; il n'est

1. Cf. Kévork ASLAN, *Études historiques sur le peuple arménien* (Paris, 1909), p. 241.

pas complet, du point de vue chronologique.

Bien avant cette époque, on sait que Bardesane vint en Arménie pour y prêcher le christianisme et là, dans les régions avoisinant l'Euphrate, il eut à combattre les *Marcionites*, qui exerçaient leur activité dans l'Arménie occidentale et avaient déjà fait de nombreux adeptes [1].

Plus tard, nous apprenons, par une lettre du patriarche de Constantinople, Atticus, au patriarche arménien, Sahak, que ce dernier a la permission de l'empereur « d'enseigner dans notre domaine » et, ou bien de convertir la secte des *Borborites*, ou de les chasser de son ressort [2]. Ces sectaires opéraient donc sur le territoire byzantin et non spécialement en Arménie.

Du reste, comme le remarque très justement Karapet Ter-Mkrttschian [3], qui a magistralement traité de ces questions, l'Arménie, jusqu'à la fin du ve siècle, n'offrait pas un terrain propice aux spéculations théologiques, aux discussions philosophiques et aux querelles des sectaires qui entouraient le territoire arménien.

1. Cf. Karapet TER-MKRTTSCHIAN, *Die Paulikianer im byzantinischen Kaiserreiche*... (Leipzig, 1893), in-8°, p. 39.
2. IDEM, *ibid.*, p. 39 et suiv.
3. *Op. cit.*, p. 41.

Comme on le sait, l'alphabet arménien ne fut inventé qu'au ve siècle, et il faut bien compter une ou deux générations de moines et de théologiens pour se former aux nouvelles méthodes de travail et de discussion, imposées par la création d'un alphabet, d'une langue et d'une littérature. Par contre, il semble bien que le *Messalianisme* ait fait plus d'adeptes en Arménie. On en trouve l'écho dans les actes du synode national de Chahapivan, 447, qui eut lieu sous la présidence du patriarche Joseph, et dont le canon 19 porte que si quelqu'un, fût-il prêtre, diacre ou moine, est reconnu coupable de Mzlnêouthiun, c'est-à-dire de l'hérésie de Messalianisme, on lui appliquera sur le front le « sceau du renard » et on l'enverra en punition dans une solitude. S'il vient à récidiver, on lui coupera les deux tendons (Sehnen) et on le transportera dans un hôpital. Mais si ce sont des hommes, ou des femmes, ou des enfants qui sont tombés dans le Messalianisme, on devra couper les tendons aux hommes, aux femmes et aux enfants doués de raison et leur imprimer sur le front le sceau du renard, et on les enfermera dans un hôpital, tandis que les enfants, qui ne sont pas encore assez raisonnables pour comprendre l'ignominie qu'ils commettent, seront enlevés à leurs parents et remis entre les mains des serviteurs de Dieu, afin qu'ils soient élevés et instruits dans la vraie foi et dans la crainte de Dieu [1].

Vous le voyez, en Arménie comme ailleurs, on n'y allait pas de main morte, lorsqu'il s'agissait d'extirper l'hérésie et de détruire les sectes. Les Messaliens devaient sans doute se livrer à des danses extatiques, et c'est vraisemblablement la raison pour laquelle, comme châtiment vraiment effectif, on leur coupait les tendons des jarrets.

Avec le VIe et le VIIe siècles, on aborde l'époque si troublée des iconolâtres et des iconoclastes. Il semble bien que la doctrine des *iconoclastes* ait quelque rapport avec celle des *Eustathiens*, ainsi du reste qu'avec celle des *Audiens*. En n'acceptant pas les décisions du concile de Chalcédoine, l'Eglise arménienne entendait vivre de sa vie propre, elle avait le sentiment que ces spéculations métaphysiques ne constituaient pas la vraie religion et que ces discussions relatives aux deux natures, comme plus tard celles concernant les deux volontés, devaient fatalement conduire à des absurdités. En combattant le culte des

1. Cf. K. Ter-Mkrttschian, *op. cit.*, p. 42-43.

images, les Arméniens continuaient l'opposition contre le clergé byzantin; l'Eglise arménienne ne rejetait pas absolument les images, surtout celles du Sauveur, de la Vierge et des saints, mais elle ne voulait pas qu'on leur rendît un culte outrancier, qui apparaissait plutôt comme une survivance des pratiques païennes. Aussi ne devra-t-on pas s'étonner de voir très peu d'images dans les églises arméniennes.

Cette opposition à certains usages que l'on tenait pour des abus expliquera l'accueil que l'on réserva en Arménie aux *Pauliciens* dont le nombre s'était sensiblement accru sur les confins de l'Arménie, sur des territoires qui dépendaient de Byzance.

Les *Pauliciens*, qui se donnaient comme des réformateurs, seraient une forme plus ou moins déguisée du manichéisme, [1] admettant, comme lui, le principe dualiste dans l'œuvre de la création, tenant l'A. T. pour l'ouvrage du principe mauvais, tandis que le N. T. aurait pour auteur le principe bon. En outre, Jésus n'aurait pas été

1. Cf. Karapet TER-MKRTTSCHIAN, *Die Paulikianer im byzantinischen Kaiserreiche und verwandte ketzerische Erscheinungen in Armenien*... (Leipzig, 1893), in-8°, p. 60 *sqq.*, — et K. ARSLAN, *Études historiques...*, p. 242-243.

enfanté par la Vierge Marie, dont il aurait simplement utilisé le corps pour descendre du ciel sur la terre; et, comme conséquence logique, les Juifs n'auraient pas pendu au bois un homme ou un dieu, mais simplement une apparence, un fantôme.

Les Pauliciens répudiaient tout culte extérieur, ne tenaient les images en aucune vénération, de là sans doute l'attrait que leur doctrine exerçait sur les Arméniens, iconoclastes par goût mais aussi par opposition à l'iconolâtrie byzantine. Et malgré cet attrait, les Pauliciens furent officiellement combattus par des patriarches arméniens, tels que Nersès III (641-661) et Jean III d'Odzun (719-729).

Après avoir été protégés par le basileus Nicéphore (802-811), les Pauliciens devinrent un parti politique dangereux pour la sécurité de l'Etat, et l'on rapporte que l'impératrice Théodora, en 835, en fit massacrer plus de cent mille.

Les fables les plus fantastiques avaient cours, relatives aux Pauliciens et à l'introduction de leur doctrine en Arménie. Je ne vous en citerai qu'une, à titre de curiosité[1] :

1. K. Ter-Mkrttschian, *op. cit.*, p. 65.

Il y avait une femme de cette secte, nommée Chethi, qui se mit en route et suivit les Turcs en Arménie. Mais un certain Pol, du canton d'Aïrarat, et qui avait été disciple de saint Ephrem, s'unit à cette femme, et ainsi se trouvèrent mêlés la secte (des Pauliciens) et le christianisme. Elle nommait le soleil Christ, lequel ne serait ni mort, ni ressuscité; saint Ephrem vint dans le pays, mais il ne réussit pas à séparer cet homme de cette secte, et il continua sa route.

Les *Julianistes* firent également quelques recrues en Arménie [1] et on les connaît plus particulièrement sous le nom de *Maïragomiens*; le docétisme devait en effet trouver un terrain bien préparé dans le monophysisme des Arméniens.

Je me garderai de vous énumérer toutes les sectes qui, venues de l'étranger, tentèrent de s'implanter en Arménie, sans grand succès d'ailleurs, grâce aux soins vigilants des patriarches et du haut clergé arméniens. Mais il convient de vous signaler que, d'après quelques auteurs dignes de confiance, l'islamisme, après avoir conquis et dompté la Perse, cherchait à étendre sa domination en Arménie et utilisait à cet effet les

1. Ter-Mkrttschian, *op. cit.*, p. 70 *sqq.*

sectes qui étaient autant d'éléments de discorde, en les favorisant, en les soutenant, en semant de la sorte la division dans le camp arménien. C'était, une fois de plus, mettre en pratique la maxime qui recommande de diviser pour régner.

Avant de prendre congé des sectes en Arménie, il sera nécessaire d'en citer une, celle des *Thondrakiens*, qui est peut-être la seule qui soit vraiment arménienne, et une autre, celle des Arewordiq, que l'on ne saurait tenir pour une secte chrétienne, mais qui constitue bien plutôt un dernier vestige, une dernière manifestation du paganisme arménien au XIe et au XIIe siècle.

Pour plus de détails, et pour l'étude approfondie de la secte arménienne des Thondrakiens, il suffira de vous renvoyer à l'excellente publication de F. C. Conybeare, *The key of truth*, qui constitue le manuel de l'Eglise paulicienne d'Arménie. D'après Etienne Asolik de Taron, écrivain arménien du début du XIe siècle, Smbat originaire du village de Zarehawan, dans le district de Dzalkotn, fut le fondateur et le chef de la secte des Thondrakiens, à la fin du IXe siècle, et se montra l'ennemi de toutes les institutions chrétiennes.

Les Thondrakiens seraient d'anciens Pauliciens, qui, après les persécutions de Théodora, se seraient reconstitués sous la direction de Smbat : ils étaient adoptionistes et ne croyaient pas que Jésus fût né Dieu et égal au Père; pour eux, et bien qu'il fût né sans péché, Jésus n'est devenu le Christ qu'au moment de son baptême. Les Thondrakiens ne pratiquaient que le baptême des adultes, et se refusaient à adorer la croix et les images. Leur secte dura assez longtemps, malgré les persécutions dont ils furent l'objet de la part des patriarches arméniens.

Les *Arewordiq* ou fils du soleil ne constituent pas, à notre avis, une secte chrétienne; ils ne sont connus que par le passage d'une lettre de Nersès de Glak. Ces Arewordiq étaient des Arméniens, habitant la ville de Samosate; en cette qualité, ils sont invités à rentrer dans le bercail de l'Eglise arménienne. Adorateurs des étoiles, rendant un culte à un certain arbre qui évoque des souvenirs babyloniens, les Arewordiq, jusqu'au XIIe siècle de notre ère, vénéraient le soleil et les arbres sacrés, en particulier le Barti, sorte de peuplier dans lequel pénétraient les *dews*, qui y élisaient leur domicile et exigeaient que les hommes leur rendissent là leur culte. Le passage de Nersès est malheureusement trop bref et trop sec pour que l'on puisse préciser en quoi consistait ce culte rendu à l'arbre Barti. Je n'en dirai rien de plus, car cela nous entraînerait trop loin, à vouloir comparer ce culte païen des arbres en Arménie avec les analogues que l'on rendait au sapin en Phrygie, au cyprès en Phénicie, à l'if en Scandinavie. Les Arewordiq, ne se sentant plus soutenus par les étrangers, se rendirent aux appels pressants du pontife d'Arménie et ils vinrent, selon toute vraisemblance, grossir de leur nombre le troupeau déjà affaibli des chrétiens d'Arménie.

Je m'excuse, Messieurs, d'avoir retenu si longtemps votre attention, sur des sujets que d'aucuns tiendront pour vains et futiles. Mais rien, dans l'édifice historique, n'est inutile. La plus petite pierre a sa place marquée, et dont il faut tenir compte.

A partir de 1442, les catholicos d'Arménie s'établissent définitivement à Etchmiadzin, au pied du mont Ararat, où ils sont encore. Mais auparavant, que de transferts, de pérégrinations, voire de fuites n'eut pas à subir le siège patriarcal arménien! D'abord à Valarchapat, ville résidence des rois arsacides, le siège est transporté à Dwin qui devient la capitale religieuse du pays jusqu'à la conquête arabe. A la suite de cette conquête, le siège est errant de nombreuses années; on le transporte à Varag, à Argina, à Ani sous la dynastie bagratide, à Thawblour, à Dzamnadaw, puis de nouveau à Ani. Lors de la domination arménienne en Arméno-Cilicie, on transporte le siège patriarcal d'abord à Siaw Léarn et à Dzovq dliak, puis à Sis qui est devenue la capitale du royaume arménien de Cilicie.

Et voici qu'en 1441, le patriarcat arménien se scinde; une partie, à tendance unioniste et catholicisante, se maintient à Sis, tandis que les Arméniens à tendance orthodoxe et nationale, reviennent au pied de l'Ararat où leur patriarche suprême devient le « catholicos de tous les Arméniens ».

Ces pérégrinations du siège patriarcal arménien, cette existence sans cesse troublée, ballotée et tourmentée, symbolisent à l'envi la vie agitée du peuple et de l'église d'Arménie. Au milieu de luttes incessantes avec des églises voisines plus puissantes, l'Eglise arménienne a su garder son *credo*, ses traditions, son autonomie. En butte aux attaques des sectes qui voulaient entamer son orthodoxie nationale, l'Eglise arménienne a su maintenir son indépendance pour sauvegarder l'existence même du peuple arménien. Les catholicos arméniens, au cours des âges, pour des raisons d'ordre politique autant que dogmatique, n'ont voulu être ni byzantins, ni romains, ni sectaires. Ils ont voulu une église nationale, autonome, autocéphale, qui garantît la vie et l'indépendance du peuple arménien, et qui permît et facilitât, malgré les circonstances adverses, le magnifique épanouissement de la civilisation arménienne.

III

Arménie et civilisation

La civilisation étant, par définition, le développement progressif des différentes facultés de l'homme en vue d'améliorer sa condition physique et morale, il ne sera pas dépourvu d'intérêt de rechercher comment le peuple arménien s'est comporté au regard de la civilisation, au cours de son existence trente fois séculaire. Le civilisé bâtit, construit, édifie. Le barbare démolit, renverse, anéantit. L'Arménien est-il un barbare ou un civilisé?

D'autre part, l'Arménien, le long de son histoire mouvementée, s'est heurté à des civilisations nombreuses et variées. Quelle attitude celles-ci ont-elles eue à son égard? C'est ce qu'il ne sera pas moins intéressant de signaler au passage, lorsque l'occasion s'en présentera.

Déjà, en 1881, Elisée Reclus [1] signalait l'attrait des Arméniens pour les différentes manifestations de la civilisation. « Dans les écoles où ils (les Géorgiens) se trouvent à côté de Tartares et d'Arméniens, ils sont inférieurs à ceux-ci pour le don d'apprendre les langues étrangères et pour l'étude des sciences et la facilité de l'élocution... » La chose est particulièrement remarquable dans la vallée de l'Araxe, ce vieil habitat arménien, où « les Arméniens, les Kurdes et encore des Tartares habitent à côté les uns des autres; cependant, ce sont évidemment les Arméniens qui ont la prépondérance, non seulement par la civilisation et l'influence, mais aussi par le nombre » [2].

Enfin, Elisée Reclus [3] citait encore ce fait capital dans l'empire des czars : c'est que, au moment où il réunissait les matériaux de sa monumentale géographie, le mouvement scientifique et littéraire était devenu très actif en Russie et, relativement à leur nombre, les Arméniens étaient peut-être ceux des habitants de l'empire moscovite qui imprimaient le plus d'ouvrages.

1. *Nouvelle géographie universelle...*, VI, *L'Asie russe...* (Paris, 1881), p. 211.

2. Elisée Reclus, *op. cit.*, p. 245.

3. *Op. cit.*, p. 260-271.

C'est dire, d'une façon générale, que les Arméniens se sont toujours tournés vers les multiples manifestations de la civilisation, et si, de par leur situation géographique et par les événements historiques qui en sont découlés, les Arméniens n'ont pas produit une grande civilisation originale qui rayonnât largement au dehors, ils ont à tout le moins lutté pour maintenir allumé le flambeau et, par eux, l'on peut également se renseigner sur les civilisations voisines de l'Arménie elle-même.

Quel que soit le domaine où porte l'investigation, on trouve toujours des Arméniens à la tête du mouvement de progrès, pour peu que les circonstances soient favorables.

Agriculture. — Un vieil auteur du XVIIe siècle, Hakovb Karnétsi, en décrivant la ville d'Erzeroum et son territoire arménien, cite à l'envi la prospérité dont on jouissait lorsque le pays n'était pas dévasté et que les Arméniens pouvaient vivre en paix. « Ce pays-là est doux et agréable, écrit-il; c'est l'habitat des Arméniens... [1] Le fleuve Djorokh traverse la ville (de Baberd) et

1. *Erzeroum ou Topographie de la Haute Arménie*... par Hakovb Karnétsi... (trad. par F. Macler)... (Paris, 1919), in-8°, p. 21 et suiv.

l'on y pêche des poissons innombrables et de différentes sortes... Ce pays produit du blé, des légumes, des brebis, des animaux, de l'huile et du miel blanc en très grande quantité, qui provoquent l'admiration de ceux qui les voient... Il y a de nombreux pâturages, avec des sources, lieux propices aux animaux et aux moutons. Dans les vallées, se trouvent des jardins à fleurs et des arbres fruitiers de différentes essences en très grande quantité... »

Vousle voyez, c'est presque la description d'un paradis terrestre.

Et les Arméniens, en cultivant leurs jardins et en leur faisant produire de beaux fruits, ne les gardaient pas jalousement pour eux; vous connaissez tous ce fruit délicieux que l'on nomme l'abricot et qui a nom, en histoire naturelle, *prunus armeniaca*, parce qu'il provient d'Arménie. C'est également d'Orient, probablement d'Arménie, que Caton l'Ancien rapporta le prunier et l'introduisit en Italie. Et les Arméniens se montraient si experts dans la culture du prunier, et cela très avant dans le moyen âge, que le savant Mésué, dans le livre II de ses *De re medica libri tres*, donne ce renseignement que je me plais de vous rappeler : On rend les prunes plus actives en perforant par places le tronc du prunier et en y introduisant, suivant la pratique des Arméniens, de la scammonée [1].

Dans une autre branche de l'agriculture, on notera que le continent européen était encore plongé dans une profonde obscurité, alors que la culture du coton, très répandue en Chine, était des plus prospères au Turkestan et en Arménie bien avant le xe siècle de notre ère.

Je n'insisterai pas davantage sur les soins que les Arméniens savaient apporter à l'agriculture en général, mais je vous rappellerai que c'est un Arménien, Jean Althen, qui réussit, au prix de combien d'efforts, à introduire la culture de la garance dans le Comtat Venaissin. Le pays en fut, du coup, enrichi, des fortunes s'édifièrent, la prospérité fut immense, et une civilisation nouvelle se répandit dans le Comtat..., mais Jean Althen mourut dans un état voisin de la misère,

1. Cf. Ioannis MESUAE Damasceni, *De re medica libri tres*, Iacobo SYLVIO Medico interprete... (S. l.), MDLIII, in-16, fol. 47 V°-48 : « *De prunis*. Cap. 19... Damascena vero, et Armena, utrunque praeter caetera praestant... Ex horum succo fit syrupus, et ex carnibus electarium in eadem salubre Armeni truncum pruni arboris locis duobus vel tribus palmae unius intervallo tenuit et perforant; immissoque scammonio lutant, pruna, ob id purgantiora euadunt. Dantur succo seu decocto cum saccharo ad libram unam ».

sa fille adressa des lettres et des supplications, pour ne pas succomber à la faim, à ceux qui devaient leur fortune à son père. La civilisation allait son train; elle ne pouvait pas s'arrêter aux plaintes d'une misérable femme [1].

Commerce. — Il sera à peine besoin de vous rappeler que, si les Arméniens furent de parfaits agriculteurs lorsque les circonstances furent favorables, ils étaient également d'excellents commerçants. Pays de transit entre la Mésopotamie et le Pont, entre la Perse et l'Asie antérieure, l'Arménie devait fatalement jouer un rôle économique très important. Elle n'y manqua pas, et le pays s'enrichit à la fois des marchandises qui y transitaient et de celles mêmes que les habitants produisaient et qu'ils expédiaient à Byzance par le grand port de Trébizonde, ou en Perse et de là à Bagdad, par les grands centres de Dwin, d'Erzeroum et de Ray. C'étaient des marchandises de luxe, comme les tapis et les étoffes précieuses, que l'on expédiait à Constantinople; c'était tout le luxe, et aussi toute la pacotille de Byzance, qui prenait, par l'Arménie,

1. Cf. F. Macler, *Notices de manuscrits arméniens ou relatifs aux Arméniens* vus dans quelques bibliothèques de la Péninsule Ibérique... (Paris, 1923), in-8°, p. 188 et suiv.

la route de la Perse et des Indes. C'était, jadis comme de nos jours, le *Drang nach Osten*, qui traversait l'Arménie pour atteindre au golfe Persique.

Les Arabes, à la suite des Romains, comprirent très vite l'importance des routes bien entretenues, plus sans doute au point de vue militaire et stratégique que sous l'angle commercial. Mais le commerce en profita, et les grandes voies qui sillonnaient l'empire des Khalifes, en Perse comme en Arménie, donnèrent à ce genre de transactions un essor prodigieux. Ces routes reliaient les grands centres de Trébizonde, Erzeroum, Dwin, Tauris, où se tenaient des foires immenses et où se donnaient rendez-vous, chaque année, tous les marchands du monde oriental.

Industrie. — Si, à l'époque des Romains comme au temps des Khalifes arabes, l'Arménie était réputée une des provinces les plus fertiles de l'Empire, par l'exportation de ses céréales, de ses poissons, de ses vins, il ne faut pas oublier que son sous-sol était — et est encore — riche en minéraux, tels que le cuivre, l'argent, le plomb voire l'or. Les mines étaient assez bien exploitées à l'époque arménienne; elles le furent assez mal sous la domination arabe; elles ne le furent à peu près plus sous le régime turc. Et cependant, le rendement des mines d'argent de Gumuch-Khanê montre à l'évidence ce qu'aurait pu produire le sous-sol de l'Arménie si, depuis le VIIIe siècle, ces diverses entreprises avaient été dirigées intelligemment.

Par contre, l'exploitation des salines de Kolb fut toujours une source de grandes richesses pour l'Arménie; non seulement on pourvoyait de sel tout le pays, mais on en expédiait en grandes quantités en Syrie et en Egypte.

Mais l'industrie qui contribua le plus à faire la prospérité de l'Arménie, lorsqu'elle n'était pas envahie et saccagée par ses ennemis, fut celle des tapis, qui provoqua le grand développement de la broderie, du tissage et de la teinture. L'historien arabe Ibn-Khaldoun, au VIIIe siècle, rapporte que l'Arménie acquittait par ses tapis les impôts qu'elle devait aux Khalifes de Bagdad. Yakout, au XIIIe siècle, donne de très intéressants détails sur la fabrication des tapis arméniens dans la ville de Van et ses environs, et Marco Polo, en parlant de la riche industrie des tapis à Konia, Sivas et Césarée, nous apprend que ces tapis aux plus belles couleurs du monde étaient fabriqués par des artisans arméniens et grecs [1]. Ces belles couleurs, aux tons chauds et chatoyants, servant à teindre les magnifiques étoffes de laine et les lourdes soieries ornées de fleurs et multicolores, étaient extraites d'une sorte de vermisseau purpurifère, le *Kirmiz*, dont les artisans arméniens surent tirer le meilleur parti; et jusqu'à ces dernières années, jusqu'aux grandes hécatombes de 1915 à 1922, la fabrication arménienne des tapis était réputée la meilleure, et cela depuis le haut moyen âge. La vieille ville d'Artachat, rapporte al-Beladhori, était si célèbre pour la qualité de ses teintures, qu'on la nomma Karyat al-Kirmiz « la ville de la couleur rouge » [2].

Ces différentes manifestations de l'activité humaine suffiraient déjà à assurer la fortune d'une nation placée dans des circonstances favorables, et à lui assigner une place honorable dans l'ensemble des civilisations. Mais l'Arménie, en donnant l'essor que l'on sait à la musique, à la poésie, à la littérature, à l'architecture, à l'enluminure et à la peinture, s'est délibérément placée

1. Cf. A. S. dans *Revue des Études arméniennes*, t. I (1920) p. 121 et suiv.
2. Voyez l'article *Arménie* dans *Encyclopédie de l'Islam*.

au rang des nations civilisées. Quoi qu'on en ait pensé, quoi qu'on en ait écrit, la civilisation arménienne n'est pas un pâle reflet de la civilisation byzantine ou de la persane. Elle existe en soi et pour soi, avec ses caractéristiques nettement tranchées et facilement reconnaissables.

Musique. — Sa musique est avant tout une musique populaire et si ses origines se perdent dans la nuit des temps, on sera quand même en droit d'évoquer l'époque fabuleuse du paganisme où l'on chantait les exploits des héros en s'accompagnant d'instruments, dont les noms nous ont été partiellement conservés.

Puis, l'Arménie devenue chrétienne, on composa des recueils d'hymnes, le *talaran*, le *gandsaran*, et surtout le *charakan* qui est pour ainsi dire la collection classique des hymnes religieuses arméniennes.

A côté de cet art musical ecclésiastique se développait le profane, et ces chanteurs populaires que l'on nomme les *achough* étaient de véritables improvisateurs littéraires et musicaux. « Ils se rendaient aux grandes fêtes où on leur confiait le soin de chanter et de glorifier les héros du jour. C'était, aux banquets des mariages, le roi et la reine, entendez le mari et sa jeune épouse, qu'il convenait de louer, et dont on devait vanter les charmes; c'était, à la cour d'un seigneur, en hiver, pendant les longues journées froides et rudes, la rivalité entre les achough qui improvisaient l'éloge du maître du logis, et composaient de suite la musique appropriée au poème à peine achevé [1] ».

Je n'en dirai pas davantage sur la musique arménienne, mais je vous signalerai en passant l'œuvre musicographique de premier ordre du P. Komitas, l'ancien maître de chapelle de la cathédrale d'Etchmiadzin : il a opéré scientifiquement, en étudiant la vieille musique arménienne et en identifiant un certain nombre de neumes, dont il a définitivement établi la valeur, — puis, il a révélé la musique arménienne populaire, après l'avoir étudiée sur place pendant de longues années et avec la méthode la plus rigoureuse.

Langue. — Ces vieux poèmes chantés par les Achough, l'étaient dans une langue ancienne que l'on ignore et dont il ne reste aucun témoin. Mais, avec le christianisme, la langue arménienne est devenue langue de civilisation et, dès le

1. Cf. F. MACLER, *La musique en Arménie* (Paris, 1917) in-8°, *passim.*

ve siècle de notre ère, on peut dire d'elle qu'elle est définitivement et scientifiquement établie. Elle joue un rôle primordial dans l'étude du groupe indo-européen et aucun linguiste ne saurait faire de comparatisme, s'il ne possédait l'arménien et s'il ne recourait à cette langue savante et bien constituée, pour éclairer des faits iraniens, grecs, même syriaques et arabes, qui resteraient sans cela autant d'énigmes; par les recoupements que facilitent la langue et l'histoire de l'Arménie, on peut tenter beaucoup de démonstrations historiques.

Littérature. — Cette langue arménienne a permis de traduire, dès le ve ou le vi[e] siècle, les livres sacrés du christianisme; elle a, de ce chef, donné naissance à une littérature importante qui, bien que de second ordre, n'en est pas moins l'une des plus riches et des plus vivantes de l'Orient chrétien.

Au début, cette littérature est théologique; mais elle voit produire également des œuvres historiques, dont les textes, pour la plupart édités, traduits et commentés, fournissent des données précieuses pour l'histoire particulière de l'Arménie, ainsi que pour les pays et les civilisations avec lesquels les Arméniens sont entrés en contact. Après l'œuvre de traduction opérée sur les ouvrages grecs et syriaques, les écrivains arméniens ne devaient pas tarder à donner des œuvres originales dans leur propre langue et à enrichir le patrimoine littéraire de leur nation.

Cette littérature arménienne, dite classique, prend au ve siècle et poursuit son œuvre jusqu'au xixe. A cette époque, la langue populaire parlée devient à son tour langue écrite et littéraire, et les ouvrages les plus variés, touchant à tous les sujets, voient le jour tout le long du xixe siècle et dans le premier quart du xxe. Cette littérature arménienne moderne est écrite en deux dialectes principaux, un oriental avec centres littéraires à Tiflis, à Erivan et à Etchmiadzin, — et un occidental, avec capitales littéraires à Constantinople, à Smyrne, à Venise et à Vienne.

C'est dans cette langue moderne qu'ont écrit, non seulement les historiens et les savants, mais aussi et surtout les poètes et les romanciers qui, pour se rapprocher du peuple et pour provoquer le mouvement d'émancipation, composèrent leurs œuvres dans la langue que ce peuple comprenait mieux que la vieille langue littéraire, classique, mais quelque peu surannée. Et le résultat fut merveilleux. On serait presque porté à croire que les auteurs arméniens, en accomplissant leur œuvre de civilisation, avaient, sinon devant les yeux, du moins au plus profond de leur cœur, cette définition que, dans son discours pour son cinquantenaire littéraire, Paul Bourget[1] donnait de la mission littéraire : « Le service des Lettres, ce n'est rien de moins que le service même de la civilisation. Elles n'en sont pas seulement la parure, elles sont cette civilisation elle-même... Quand il n'y a plus d'écrivains, c'est que l'on est retombé en barbarie. Quand les Lettres sont en décadence, c'est que la Société elle-même est en voie de se désagréger, de se corrompre et de sombrer. En servant les Lettres, en les bien servant, chaque écrivain, si modeste soit-il, a donc sa place dans l'immense lutte séculairement engagée contre le reflux des sauvageries primitives d'une part, de l'autre contre la dilapidation des trésors de notre héritage intellectuel et moral, si péniblement amassé ».

On ne saurait mieux dire, et les écrivains arméniens de nos jours ne sauraient mieux faire que de continuer la lutte engagée depuis des siècles contre les puissances barbares et téné-

1. *Journal des Débats,* 16 décembre 1923.

breuses qui leur ont voué une haine sans merci.

Architecture. — Mais le témoin le plus authentique du passé artistique de l'Arménie est sans contredit son architecture et, malgré les ruines occasionnées par les invasions des Byzantins, des Perses, des Arabes, des Géorgiens, des Mongols, des Turcs, tous gens qui se croyaient civilisés, — il reste suffisamment de monuments pour se représenter au vrai ce que fut l'incontestable originalité de l'architecture arménienne.

Elle n'est certes pas indépendante des architectures voisines, mais elle a ses caractères propres. Encore relativement peu connue, l'architecture arménienne exerce un attrait vraiment séduisant sur ceux qui, en trop petit nombre, ont vu ses églises, ses monastères, ses châteaux, en un mot ce qui constitue l'architecture civile et religieuse d'une nation civilisée. Elle présente, avec les manuscrits enluminés et bien calligraphiés, un intérêt artistique de premier ordre.

Je me garderai, en vous parlant de l'architecture arménienne, d'aborder la question si grave, si délicate et encore si controversée des origines de l'art roman. Les ressemblances sont frappantes entre tel monument arménien et tel représentant classé de l'art roman; mais il y faut, pour traiter un pareil sujet, une compétence que je n'ai pas et que je n'aurai jamais. Les vues que vous verrez tout à l'heure projetées sur l'écran provoqueront peut-être dans votre esprit certains rapprochements, mais ce n'est pas moi, c'est vous qui, de vous-mêmes, ferez ces rapprochements.

Il suffira de vous rappeler que l'architecture romane est caractérisée par le plein cintre, par le petit nombre d'ouvertures et le peu de vides dans les façades. La plupart de ces vides sont des niches aveugles, ou, si vous le préférez, des creux ménagés dans la maçonnerie pour recevoir des statues ou des colonnes. — Les colonnes sont courtes, trapues, grosses, ne rappelant ni la sveltesse des piliers grecs, ni la minceur des colonnettes arabes et gothiques. Ces piliers, bas et épais, soutiennent des voûtes lourdes, et très larges par rapport à leur élévation. Et malgré cette robustesse des éléments qui entrent dans la construction, l'édifice roman ne manque ni de finesse, ni souvent d'élégance.

Nous n'en sommes plus au temps où, comme l'écrivait jadis Bayet [1], l'on tenait les églises

1. *L'art byzantin* (Paris, s. d.), in-8°, p. 284.

d'Arménie pour byzantines et où les divergences entre ces deux architectures s'expliquaient par le fait que les architectes, vivant loin de la capitale, ne pouvaient pas être astreints à une reproduction scrupuleuse des types qui dominaient dans l'Empire.

La raison de ces divergences est toute autre et il la faut avant tout chercher dans le génie créateur des Arméniens et dans leur goût très prononcé pour les arts décoratifs. L'architecture arménienne est originale, et si elle a reçu des Grecs et des Sassanides, elle leur a aussi fourni des modèles et des architectes.

Un savant architecte, Thoramanian, a consacré de nombreux travaux à l'étude du passé artistique et architectural de sa nation. Il est dès lors loisible de présenter un schéma du processus de l'art arménien dans le domaine de la construction [1].

D'après lui, on ne connaît plus qu'une antiquité, le « trône de Tiridate », qui rappelle l'architecture arménienne païenne. Par contre, l'architecture chrétienne a, depuis son origine,

1. Cf. *Histoire universelle*, par ÉTIENNE ASOLIK DE TARÔN traduite de l'arménien et annotée par Frédéric MACLER... 2e partie... (Paris, 1917), in-8°, p. LXXXI et suiv

passé par quatre phases, où l'on distingue le style des constructions ordinaires, le style d'ornementation, le style religieux, le style politique et économique, appliqué aux monuments publics, et enfin le style militaire.

La première époque va du IVe au VIIe siècle; certaines moulures révèlent l'influence de l'architecture romaine; les vieilles églises d'Etchmiadzin et de Tikor ont incontestablement conservé des éléments romains, mais arménisés.

La deuxième renaissance de l'architecture arménienne prend à la fin du VIe siècle et, dès le VIIe, toute influence romaine a disparu; on a affaire ici à des transitions des styles syrien et sassanide. L'exemple le plus typique de ce style de transition est l'église de Mréni.

La cathédrale d'Ani et l'église de Saint-Grégoire à Ani sont les chefs-d'œuvre de la troisième renaissance architecturale de l'Arménie. C'est une époque de complications à l'infini; les architectes rivalisent pour créer des nouveautés artistiques, et l'on en trouve l'écho dans les encadrements et les frontispices de manuscrits, où l'on relève autant d'espèces variées de chapiteaux que de colonnes, autant d'encadrements divers que de fenêtres, autant de colonnes différentes pour soutenir le cintre des portes. Cette caractéristique se rencontre à la fois en Arménie et dans quelques-uns des plus purs représentants de l'art roman en Europe. Vous en verrez un exemple tout à l'heure.

Avec la chute d'Ani et la fin de la royauté bagratide, s'ouvre une ère, heureusement éphémère, de mort dans l'architecture arménienne. Puis, lorsque, à la fin du XIIe siècle, l'Arménie majeure passa sous la domination géorgienne, ce fut une nouvelle activité architecturale, un art nouveau, qui couvrit le pays. On construisit alors des églises, des châteaux-forts, des ponts, des chaussées, de nombreux monuments publics. Cette quatrième renaissance du style arménien, tout en continuant l'art ancien, en crée un nouveau, surchargé de sculptures, aux plafonds ornés de pierres en couleur, aux dessins géométriques où s'entremêlent les feuilles, les fleurs, les oiseaux. Ce style, qui n'a plus rien de grec ni de romain, est vraiment oriental et son origine doit, selon toute vraisemblance, être cherchée à Bagdad. Cette quatrième renaissance de l'architecture arménienne prend fin après la deuxième moitié du XIIIe siècle, et n'est suivie d'aucune autre.

A ces quelques notions d'ordre chronologique

vous me permettrez d'ajouter les renseignements suivants. Je ne vous parlerai ici que des églises anciennes de l'Arménie, où l'on distingue trois types principaux [1].

C'est d'abord le type de la *basilique*, représenté par les monuments de Tékor ou Tikor et de Eré-rouq ou Kizil-Koulé. Ce type rappelle celui de la basilique syrienne, telle qu'on la trouve à Tour-manin, à Kal'at Seman et ailleurs.

Le second type est constitué par la *rotonde* reposant sur une base circulaire ou polygonale. Les représentants classiques de ce type sont l'église de Zwarthnots près d'Etchmiadzin, l'église de Saint-Grégoire à Ani, et la chapelle de Saint-Grégoire-des-Aboughamrents, également à Ani.

Enfin, le troisième type, le plus fréquent en Arménie, est celui du *carré* ou du *rectangle presque carré*, flanqué ou non de quatre absides demi-circulaires, faisant saillie à l'extérieur. Les représentants classiques de ce type architectural sont la cathédrale d'Etchmiadzin, la chapelle de Rip-simê près d'Etchmiadzin, l'église des saints apôtres à Ani, et la cathédrale d'Ani.

1. Cf. F. MACLER, *Anciennes églises d'Arménie* (Paris, 1923), in-8°, p. 14 et suiv., que je reproduis ici en grande partie.

Voici quelques vues d'Arménie, qui vous donneront une idée de ces trois genres architecturaux. J'y ai joint quelques vues prises ailleurs, qui vous suggéreront peut-être quelques rapprochements intéressants à faire.

Figure 1. — ERÉROUQ, ou Gezel-Goulé, ou Kizil-Koulé, était, jadis, un village prospère du canton de Chirak, province d'Aïrarat. Son église était magnifique, bien que de dimensions modestes : 23 mètres de long sur 14 de large. L'église est actuellement en ruines. On y voyait 10 fenêtres et 3 portes. La porte principale s'ouvrait vers l'Occident. Sur la face extérieure de l'une des portes du sud, on lisait une inscription portant la date de 1038. Cette date doit marquer la restauration de l'édifice et la construction de la coupole, qui n'existait pas dans le bâtiment primitif. Celui-ci date en réalité de la fin du ve ou du début du vi^e^ siècle. C'est le type de la basilique, introduit de Syrie en Arménie, à une époque indéterminée, mais avoisinant vraisemblablement le ve siècle. Le bâtiment primitif était recouvert de tuiles et d'une toiture en charpente. L'usage du bois disparut rapidement dans les cathédrales arméniennes, pour céder le pas à la pierre de taille (Cf. ALICHAN, *Chirak*... [Venise, 1881], p. 170-171).

Figure 2. — TÉKOR ou DIGOR était, au ve siècle, un endroit célèbre du canton de Chirak, province d'Aïrarat. L'église de Tékor a conservé, au dire de Texier [1], des éléments romains, mais arménisés.

Dans cet édifice, ce sont les frontons qui indiquent l'influence de l'architecture romaine. Dans quelques détails de l'église de Tékor, certaines sculptures portent les germes de l'architecture gothique. Cette église n'a ni porche ni narthex, et la coupole a été ajoutée après coup. Quatre piliers soutenaient cette coupole, dont la voûte, d'une forme quelque peu insolite en Arménie, n'est pas contemporaine du primitif édifice. Texier, le premier, a relevé que les arcs en forme de fer à cheval de Tékor, que l'on croyait jusqu'alors arabes, avaient leur prototype en Arménie, dès le ve siècle. Ce sont donc les Arméniens qui ont fourni aux Arabes cet élément architectonique qui a eu une si prodigieuse fortune, et l'on retrouve dans l'Espagne du xe siècle les arcs

1. *Description de l'Arménie, la Perse et la Mésopotamie*.. (Paris, 1842), *passim*, s. v. Dighour.

en forme de fer à cheval de Tékor du ve siècle.

Les églises de Tékor et de Erérouq sont les plus anciennes églises arméniennes actuellement connues : elles datent vraisemblablement du vi^{e} siècle et dénotent une influence syrienne nettement caractérisée. M. Gabriel Millet [1] a très justement fait observer que l'aspect de temple périptère que présentent les églises de Tékor et d'Ouzounlar a été emprunté par les architectes arméniens à leurs maîtres syriens.

Figure 3. — Tourmanin. Vous avez sous les yeux la restauration de l'église de Tourmanin, en Syrie, exécutée par le marquis de Vogüé et l'architecte Dutoit. Cette restauration n'est nullement conjecturale. « On ne saurait rien imaginer, écrit M. de Vogüé, de plus logique et de plus raisonné que cette composition où chaque élément, colonne, linteau, arcs de décharge, a sa fonction définie et nettement accusée, où l'équilibre résulte des conditions de stabilité, de matériaux posés sans ciment, où la décoration n'est

1. *L'École grecque dans l'architecture byzantine* (Paris, 1916), in-8°, p. 132. — Pour la notice, cf. Alichan, *Chirak...* (Venise, 1881), p. 131-135, et Étienne Asolik de Tarôn, *Histoire universelle...* (Paris, 1917), in-8°, p. LXXVII et suiv.

qu'une conséquence de la construction. L'effet produit est très saisissant ». (Cf. DE VOGÜÉ, *Syrie centrale* [Paris, 1865-1877], p. 138-140.) Cette église date du VIe siècle.

Figure 4. — KAL'AT SEMAN. La grande église de Kal'at Seman, en Syrie, a été édifiée, ainsi que le couvent voisin, pour honorer la mémoire de saint-Siméon Stylite et consacrer le lieu où il mena sa vie. Nous ne savons pas exactement à quelle date cette église fut élevée. Mais Evagrius le Scolastique l'a visitée et décrite vers 560 de notre ère. Son érection doit donc se placer entre 459, date de la mort de Siméon Stylite, et l'année 560. — Vous avez devant vous l'élévation du portail méridional, avec le grand porche qui précède l'entrée de l'église. « L'ornementation est encore de style presque antique, dit M. de Vogüé, mais les détails en sont originaux, comme la composition elle-même, qui n'a rien d'antique; tout l'ajustement général des lignes dénote un art tout nouveau; il est impossible, conclut le marquis de Vogüé, de ne pas reconnaître que cette construction renferme en germe tous les éléments du portail de nos églises romanes. » (Cf. DE VOGÜÉ, *Syrie centrale*..., p. 141 et suiv.).

Figure 5. — ZWARTHNOTS. La forme *ronde* apparaît chez les Arméniens au VIIe siècle; l'exemple typique en est l'église de Zwarthnots, « rotonde dont la nef est formée par quatre absides demi-circulaires, ouvrant entre les quatre piliers massifs qui soutiennent la coupole »[1].

Avant cette époque, on ne possède aucun renseignement précis sur les églises rondes et polygonales;il y avait toutefois, au dire de l'architecte Thoramanian, des baptistères à forme circulaire (ETIENNE ASOLIK DE TARÔN, *Histoire universelle*, trad. F. MACLER, p. LXXXIV).

Les formes polygonales et rondes sont étrangères à l'Arménie; mais les savants ne se sont pas encore mis d'accord pour savoir si ce type est grec ou romain; certains pensent que cette forme est originaire d'Asie.

Le catholicos Nersès III *Chinogh*, le « constructeur » de Zwarthnots, avait des tendances unionistes, et il se peut qu'il ait subi l'influence d'architectes qui avaient vu des églises rondes en Cappadoce. Le but de Nersès était de ramener dans le voisinage d'Etchmiadzin le siège du

1. Cf. Jean EBERSOLT, *Les anciennes églises d'Arménie et l'effort arménien*, dans *La voix de l'Arménie*, n° du 1er décembre 1918, p. 814.

patriarcat arménien qui, depuis le milieu du ve siècle, était à Dwin. A cet effet, il choisit le haut-plateau situé à l'est d'Etchmiadzin, et il y fit édifier la première église ronde que l'on connaisse en Arménie, et, à côté, de monumentales constructions destinées à la résidence du catholicos et de sa suite.

Une première campagne de fouilles fut entreprise en 1893 par Mgr Mesrop Têr Movsêsian; mais c'est seulement à partir de 1900 que le vardapet Khatchik pratiqua des fouilles méthodiques et suivies. Pendant cinq ans de suite, il déblaya le terrain, et l'on peut se faire une idée exacte du caractère grandiose de Zwarthnots et de ses dépendances, lorsque l'on parcourt les ruines qui sont actuellement abandonnées.

Figure 6. — ZWARTHNOTS. Un *angle* dégagé du socle de Zwarthnots; j'ai pris cette vue en 1909, quelque temps après que le P. Khatchik l'avait déblayé. A droite, un bâtiment où habite le P. Khatchik vardapet Dadian, et où il a établi un musée des objets découverts au cours de ses fouilles. A gauche de la photographie, mais au centre de l'église en ruines, un bloc énorme de maçonnerie.

Figure 7. — ZWARTHNOTS. Pour pénétrer à Zwarthnots, on prend à droite de l'angle dégagé, que vous venez de voir (fig. 6), on monte un petit escalier en pierre, donnant accès à l'habitation du moine archéologue, et l'on arrive sur le plateau où se dressait l'église. L'œil aperçoit d'abord un amoncellement de blocs énormes, résultant d'un violent tremblement de terre. Au centre, un baraquement en planches, où le P. Khatchik entrepose les objets qu'il met à jour, avant de les classer dans son musée. C'est sous ce baraquement que sont conservées quelques pierres recouvertes de *graffiti* arabes [1].

Figure 8. — ZWARTHNOTS. L'aire qui avoisine immédiatement le centre de l'édifice ruiné a été quelque peu déblayé. On a aligné un certain nombre de blocs qui représentent les principaux types architecturaux employés dans la construction de Zwarthnots, chapiteaux, fûts de colonnes, motifs ornementaux sculptés sur la pierre.

Figure 9. — ZWARTHNOTS. Ruines du palais pontifical, contigu à l'église. Les blocs de maçon-

1. Cf. Mesrop vard. TÊR MOVSÉSIAN, *Etchmiadzin et les plus anciennes églises arméniennes*... (Etchmiadzin, 1907), pl. XII-XIII (en arménien, en russe et en allemand).

nerie, en excellent appareil de pierre de taille, révèlent l'habileté consommée des artisans auxquels Nersès fit appel pour édifier la maison du catholicos.

Figure 10. — ZWARTHNOTS. En parcourant les ruines du palais pontifical, on découvre des vestiges importants, qui permettraient à des architectes modernes de déterminer exactement l'utilisation de certains bâtiments. La grenade est un motif ornemental très fréquent à Zwarthnots. Des deux personnages qui sont debout, celui de gauche est Mgr Mesrop épiskopos Tèr Movsésian, qui commença les fouilles en 1893; celui de droite est le P. Khatchik, qui les continua en 1900.

Figure 11. — ZWARTHNOTS. A l'une des extrémités du palais pontifical, des restes de constructions que j'identifie malaisément. Le P. Khatchik donne ces ruines comme étant des vestiges d'un vieux temple du feu zoroastrien. La chose est d'autant plus invraisemblable qu'il n'y a pas trace de temple zoroastrien, chez les auteurs arméniens, dans la région de Zwarthnots. D'autre part, le patriarche Nersès a fait édifier Zwarthnots et ses dépendances dans un endroit désert, où il a amené l'eau du Qasagh par un canal de dérivation, qui a été réutilisé par le P. Khatchik.

Je serais plutôt porté à voir dans ces constructions les restes d'un *hammam* où l'on chauffait l'eau, à l'usage du pontife et de sa suite.

Figure 12. — ZWARTHNOTS. La partie postérieure de ces constructions que je prends pour l'établissement de bains de Zwarthnots. Le banc de pierre, en très bel appareil, devait être le siège où, en Orient, on fait la sieste après avoir pris le bain. Toutefois, je n'ai pas trouvé de traces de canalisations par où les eaux s'écouleraient. Il est possible que les canaux, si canaux il y avait, fussent souterrains. En tous cas, il y a des tuyaux de poterie très bien conservés dans les édicules en pierre que vous venez de voir (fig. 11); la présence de ces poteries semble bien indiquer qu'il s'agit de constructions aménagées pour y faire du feu, ou peut-être pour établir des prises d'air destinées à aérer la pièce en question.

Figure 13. — ZWARTHNOTS. Après avoir dégagé les abords immédiats de l'église et du palais catholical de Zwarthnots, le P. Khatchik me montre, dans la direction du S.-O., un terrain recouvert d'ondulations, où il suppose que s'étendait la ville qui devait forcément se trouver dans le voisinage de la cathédrale. Ce serait la ville de Qalaqoudacht[1].

A côté de lui, une pierre sculptée, où les grappes de raisin semblent alterner avec les pommes de pin.

Au milieu de la photographie, les restes d'un cadran solaire.

Figure 14. — ANI. Le plan de la chapelle de Saint-Grégoire des Aboughamrents. Ce monument n'est pas daté avec précision. On s'accorde généralement à en reporter la construction au XIIe ou au XIIIe siècle, ce qui en ferait un contemporain de la Sainte-Chapelle de Paris.

Figure 15. — ANI. La chapelle de Saint-Grégoire des Aboughamrents. Cette chapelle est encore debout. Elle a permis à l'architecte Thoramanian de reconstituer, d'après le plan, la cathédrale de Zwarthnots, et d'en donner

1. Cf. Ma traduction d'ÉTIENNE ASOLIK DE TARON, *Histoire universelle*, 2e partie, p. 169, n. 4.

une élévation et une représentation schématique [1].

Figure 16. — ANI. La chapelle du Rédempteur, ou du Sauveur, constitue un autre exemple très typique de la *rotonde* arménienne. Elle aurait été construite au XIe siècle, pour y déposer un morceau de la vraie croix, rapporté de Constantinople par le prince Ablgharib.

Le type de beaucoup le plus fréquent en Arménie est, selon la description de plusieurs voyageurs et la définition rigoureuse qu'en a formulée M. Jean Ebersolt « une croix enfermée dans le rectangle ou le carré de l'édifice, par les quatre pièces d'angle logées entre les bras de la croix [2] ».

Les types classiques de ce genre architectural sont la cathédrale d'Etchmiadzin, la chapelle de Ripsimê, l'église des saints apôtres à Ani, la cathédrale d'Ani [3].

1. Voir *Géghouni*, illustration arménienne, pour les orphelins arméniens de Cilicie (Venise, Saint-Lazare), 1909, n° 6, p. 36 et suiv.

2. Cf. *La voix de l'Arménie*, n° du 1er décembre 1918, p. 813-814.

3. F. MACLER, *Anciennes églises d'Arménie*, p. 34 et suiv., que je reproduis ici partiellement.

On rencontre partout, en Arménie, des édifices bâtis sur ce type, sur un espace de temps allant du VIIe au XIIIe siècle de notre ère.

Figure 17. — ETCHMIADZIN. — Lorsqu'on arrive à Etchmiadzin, à gauche du bâtiment que vous voyez, on longe ce même bâtiment qui est la bibliothèque désaffectée, on se dirige vers la droite en suivant le mur d'enceinte du monastère, et on pénètre dans la cour intérieure, non par la porte que vous apercevez au milieu du mur et qui est réservée aux piétons, mais par la porte des « phaétons » qui se trouve sous le bec électrique, à l'extrémité droite de la photographie. Au milieu de la cour intérieure se dresse la cathédrale, dont on aperçoit le clocher pointu au-dessus de la porte médiale du mur d'enceinte, et un bouquet d'arbres où nichent les corbeaux et les ramiers qui, d'après la tradition arménienne, descendent de ceux que Noé lâcha de l'arche, pour savoir si le déluge allait prendre fin. Vous n'oubliez pas qu'Etchmiadzin est au pied du grand Ararat.

Figure 18. — ETCHMIADZIN. La cathédrale de Vagharchapat ou la sainte Etchmiadzin, le plus grand sanctuaire de l'Eglise et de la nation arméniennes.

Le monument occupe le centre d'une aire très vaste, flanquée de chaque côté de bâtiments masqués par les arbres. J'ai pris cette photographie d'un premier étage; ceci vous explique qu'on aperçoive le sommet et non le pied des arbres.

D'après la tradition arménienne, l'église d'Etchmiadzin aurait été construite par les soins de Grégoire l'Illuminateur, au début du IVe siècle. Le bâtiment aurait été recouvert d'un toit en bois. Cet état de choses aurait duré jusqu'en 618, époque à laquelle le catholicos Komitas aurait remplacé la construction en bois par un édifice en pierres. On suppose que c'est ce même catholicos qui fit ériger la coupole et qui restaura l'église d'Etchmiadzin sur le type de celle de Tikor.

La cathédrale d'Etchmiadzin a été l'objet de nombreuses restaurations au cours des siècles; de sorte qu'il est malaisé de se faire une idée exacte du plan primitif. A cette forme première succéda l'église aux absides, qui est la caractéristique des basiliques romaines.

Figure 19. — ETCHMIADZIN. En 1656, les patriarches Philippos et Jacob ont fait construire le clocher.

Figure 20. — ETCHMIADZIN. En 1682, le patriarche Eliazar fit construire les petites coupoles sur les trois absides.

Figure 21. — ETCHMIADZIN. Enfin, en 1869, le patriarche Georges IV fît ajouter, à l'extrémité orientale de l'église, une construction destinée à recevoir les objets rares et les reliques les plus précieuses; ce nouveau corps de bâtiment se nomme le « Musée » ou le « Trésor ».

Il convient également de rappeler qu'en 1886, le catholicos Makar fit restaurer complètement le socle de la cathédrale et qu'auparavant, au XVIIIe siècle, le catholicos Luca avait fait peindre les parois intérieures de l'édifice par un peintre nommé Jonathan. C'est de la même époque que date l'autel en marbre blanc que le catholicos fit ériger sous la coupole centrale, à l'endroit traditionnel où le *fils unique descendil* (êtch miadzin) et apparut à Grégoire l'Illuminateur.

Figure 22. — ETCHMIADZIN. La coupole centrale. Sans vouloir pousser les rapprochements vous éprouverez peut-être une certaine curiosité, après avoir vu cet angle d'Etchmiadzin, à comparer cette vue avec l'église de Saint-Nectaire-le-Haut.

Figure 23. — SAINT-NECTAIRE-LE-HAUT, en Auvergne, remarquable monument roman datant de la seconde moitié du XIIe siècle, dont le clocher, rasé à la Révolution, fut reconstruit, en même temps qu'on restaurait l'église en 1877-1878, sous la direction de l'architecte Brugère, qui s'inspira de modèles orientaux pour procéder à la réfection de l'ancienne basilique bénédictine.

Figure 24. — Et avec une autre église romane, celle de Notre-Dame-du-Port, à Clermont-Ferrand, dont l'abside et le transept remontent au XIe siècle, dont le reste du bâtiment date du XIIe et du début du XIIIe siècle, et dont le clocher actuel est une restauration, faite au milieu du siècle dernier, de l'ancien qui avait été édifié d'après des modèles venus d'Orient.

Figure 25. — Il ne sera pas sans intérêt de rapprocher de ces vieilles églises la synagogue de Strasbourg (quai saint-Jean). Par sa coupole à plusieurs faces, comme par ses clochetons, elle évoque dans l'esprit une similitude avec la grande et les petites coupoles d'Etchmiadzin. Il serait intéressant, à ce point de vue, de faire quelques recherches historiques sur les architectes et les plans de la synagogue de Strasbourg.

Figure 26. — Ripsimê. L'évêque Sébêos rapporte dans les termes suivants la construction de l'église de Ripsimê, près d'Etchmiadzin : « En l'année 28e du règne d'Apruêz Khosrov (618 de J.-C.), le catholicos Komitas démolit la chapelle de Sainte Ripsimê, dans la ville de Vagharchapat, car le bâtiment qu'avait construit le patriarche Saint Sahak... était trop bas et trop sombre... subitement apparut la perle royale, lumineuse et rare, c'est-à-dire le corps virginal de la sainte dame Ripsimê... Il construisit l'église et il laissa la bienheureuse en plein air, à cause de l'humidité du mur, jusqu'à ce que la chaux fût desséchée; puis elle fut recueillie dans sa demeure... »

Si l'on fait, par la pensée, abstraction du clocher, à gauche du bâtiment, qui a été construit en 1652 par le catholicos Philippos, on a, dans la chapelle de Ripsimê, le type le plus pur de la vieille architecture arménienne : la croix enfermée dans un rectangle presque carré, aucune abside ne faisant saillie sur les façades [1].

Les quatre frontons sont identiques; deux niches aveugles sont pratiquées sur chacune des quatre parois de l'édifice. A l'extérieur, Ripsimê a la forme d'un rectangle; à l'intérieur, elle a l'aspect d'un quatre-feuilles. On éprouve une réelle impression de grandeur et de pureté de lignes en contemplant, de longues heures durant, la modeste chapelle de Ripsimê.

A droite de l'édifice, un bâtiment moderne sert d'habitation au moine chargé de la surveillance de ce sanctuaire.

Devant Ripsimê, la route qui va d'Etchmiadzin à gauche, à Erivan à droite.

Figure 27. — La chapelle de GAYIANÊ, au sud d'Etchmiadzin, date également, d'après la tradition arménienne, de Grégoire l'Illuminateur. Elle a été reconstruite entièrement en 630 par le catholicos Ezr ou Esdras, et présente plutôt l'aspect d'une basilique. La coupole, qui a été restaurée, repose sur quatre colonnes. Le nar-

1. Cf. Jean EBERSOLT, dans *La voix de l'Arménie*, n° du 1er décembre 1918, p. 813.

thex, sur le côté occidental, est de date récente; il est dû au catholicos Eliazar, 1688.

Figure 28. — GAYIANÊ. Dans cette vue panoramique, Gayianê apparaît à distance, entourée d'arbres et d'une végétation luxuriante. Il y a en abondance de l'eau, des moustiques et, me dit-on, des serpents.

Figures 29 et 30. — ANI. La cathédrale d'Ani, commencée par les soins du roi bagratide Smbat, fut achevée en 1010 de J.-C., par Katramidê, femme du roi Gagik, fille du roi de Siwniq. L'historien arménien Etienne Asolik de Taron rapporte que ce magnifique édifice, aux voûtes élancées, constituait un sanctuaire admirable, surmonté d'une coupole semblable au ciel. Katramidê orna cette église de tapisseries, aux fleurs de pourpre, tissées d'or, et peintes de diverses couleurs, de vases en or et en argent, brillant du plus vif éclat, magnificences qui rendaient la sainte cathédrale d'Ani aussi resplendissante que la voûte céleste. Smbat avait doté l'église d'une magnifique lampe en cristal, qu'il avait fait venir des Indes.

Figure 31. — GHOCHA VANQ. Si vous vous rappelez la caractéristique que l'architecte Thoramanian donnait des monuments arméniens de la troisième renaissance architecturale, vous vous rendrez compte, en examinant les détails du *pronaos de Ghocha vanq*, en étudiant surtout les colonnes grosses, courtes et trapues de ce sanctuaire, qui date peut-être du xe ou du xie siècle de notre ère, qu'on peut en effet songer à l'architecture romane de l'occident (LYNCH, *Armenia...* I, p. 387, fig. 95).

Figure 32. — ROSHEIM. Et alors, vous me permettrez de faire passer sous vos yeux une vue de l'intérieur de l'église Saint-Pierre et Saint-Paul de Rosheim, qui, par ses colonnes, par ses chapiteaux, par ses voûtes, constitue un des types les plus purs de l'architecture romane. Cette église date peut-être du xe ou du xie siècle, bien que Schweighaeuser en fasse remonter la construction au ixe, et nous avons là, à un siècle près, un monument alsacien roman, contemporain de la belle période bagratide de l'architecture arménienne.

Figure 33. — Un frontispice du manuscrit d'*Etchmiadzin*. Parmi les nouveautés artistiques que créèrent les artistes et les architectes de la période bagratide, la place doit être faite très grande aux colonnes qui servent à l'ornement des frontispices de manuscrits. Ces colonnes étaient quelquefois uniformes; souvent aussi, elles variaient, et le motif ornemental de la colonne gauche différait essentiellement de la colonne droite du même portique. Cette vue représente un des beaux feuillets de l'Évangile d'Etchmiadzin, dont l'exécution (copie et enluminure) fut achevée en 989 de notre ère.

Figure 34. — ROSHEIM. Porte latérale sud. Cette variété dans l'ornementation des colonnes et des chapiteaux n'était pas spéciale aux manuscrits et, comme je vous l'ai rappelé plus haut, Thoramanian note que les architectes arméniens en faisaient un grand usage dans les encadrements extérieurs des portes et des fenêtres. On en a de nombreux exemples en Arménie. On peut également citer l'encadrement de la porte latérale sud de l'Église Saint-Pierre Saint-Paul de Rosheim où chaque colonne offre un motif ornemental différent, et que vous avez sous les yeux.

Figure 35. — SALMOSAVANQ possède une église admirablement située, et qui domine la vallée rocheuse et sauvage du Qasagh. La population est moitié tatare, moitié arménienne, et ces deux groupements vivent en bonne intelligence. Les musulmans sont trop pauvres pour avoir une mosquée et, lorsqu'ils veulent prier, ils vont à l'église.

Figure 36. — SALMOSAVANQ, d'après la légende, a été fondé par Grégoire l'Illuminateur, au début du IVe siècle. C'est du XIIIe siècle que date l'église d'aujourd'hui, lorsque Zakkaré, généralissime de la reine Thamar, conquit l'Ararat sur les Musulmans. Le mémorial le plus ancien gravé *sur les parois* de l'église est de l'an 1215 de J.-C.; Salmosavanq signifie : monastère des psaumes, soit parce qu'on y chantait surtout des psaumes, soit parce qu'on y a copié de beaux exemplaires du psautier. Le savant arménien Galoust Ter-Mkrttchian a trouvé deux grands manuscrits écrits à Salmosavanq au XIIe siècle; c'est la plus ancienne mention de Salmosavanq. Il a démontré que l'un doit avoir été copié entre 1185 et 1188, et l'autre doit être un peu plus ancien; or, à cette date, l'église de Salmosavanq n'était pas encore construite. Seul, le monastère existait.

Figure 37. — HOHANNAVANQ ou YOHANNAVANQ « le couvent de Jean ». Tandis que l'église de Salmosavanq est en parfait état de conservation, lorsque je prends cette vue, en 1909, celle de Yohannavanq présente un aspect délabré qui fait peine à voir. J'y étais par un orage très violent, et cette vue manque, à mon grand regret, de la netteté souhaitable.

On remarque, à l'extérieur du monument, quantité de croix et de motifs ornementaux très variés. La construction date du XIIIe siècle, comme celle de Salmosavanq; on lit plusieurs mémoriaux sur les parois de l'église. Yohannavanq était un évêché important au XVIIe siècle.

Figure 38. — OCHAKAN. L'église, qui renferme le tombeau traditionnel de saint Mesrop, est une restauration moderne, qui fut achevée sous le catholicat de Georges IV, en 1879, d'après l'inscription qu'on lit au-dessus de la porte d'entrée. On a démoli une église du Ve ou du VIe siècle, qui avait sa valeur historique, et on l'a remplacée par une église moderne, sans goût, mais qui a l'avantage de renfermer un sanctuaire particulièrement précieux aux yeux des populations environnantes

A Ochakan, il y a une fête célèbre au commencement de l'été, en l'honneur de saint Mesrop. De tous les villages des environs, on vient, on danse, on chante toute la journée; les pèlerins arrivent la veille de la fête, qui commence ce soir même; on danse toute la nuit qui précède la fête. Chrétiens et Musulmans viennent tous à la fête de saint Mesrop. Ils apportent des offrandes de tout genre : poulets, coqs, argent, bandeaux, etc... Les femmes, chrétiennes ou musulmanes, qui n'ont pas d'enfants et en désirent, volent des objets dans l'église. Lorsqu'elles ont un enfant, elles rapportent l'objet volé, accompagné de nombreux cadeaux. Lorsque des femmes stériles, chrétiennes ou musulmanes, veulent obtenir un enfant, elles apportent leur ceinture au curé d'Ochakan; il la prend, lit un passage de l'Évangile, prononce une prière et remet lui-même la ceinture autour des reins de l'impétrante. Si elles ont un enfant dans les douze mois qui suivent, elles reviennent et font un cadeau à l'église.

Les quelques vues qui viennent d'être projetées sur l'écran ne représentent qu'une faible partie des richesses artistiques et architecturales de la vieille Arménie. On n'a traité à fond aucune question d'origine, de date, d'influence; le temps et surtout la compétence requise m'auraient complètement fait défaut, non seulement pour élucider, mais pour exposer comme il eût été souhaitable, l'un quelconque de ces problèmes. L'architecture arménienne est, au demeurant, si riche et si variée, que bien des erreurs ont été commises par les critiques et par les archéologues qui en ont traité. Les monuments qui sont encore debout, comme ceux qui sont à jamais ruinés, mais dont on a relevé les plans, constituent dans leur ensemble les témoins les plus éloquents et les plus authentiques du talent fécond et de l'esprit artistique du peuple arménien.

Je n'ai que trop abusé de vos précieux instants. Et malgré cela, j'aimerais, en recourant à votre indulgence, faire passer devant vos yeux quelques spécimens de l'enluminure et de la calligraphie arméniennes. Vous verrez que, là encore, la nation arménienne occupe un rang des plus honorables parmi les nations civilisées qui ont produit des œuvres d'art. Il y aura simplement lieu de s'étonner que de si précieux documents nous soient parvenus, après l'œuvre de destruction pratiquée par tous les conquérants qui ont foulé et souillé le sol de l'Arménie.

Figure 39. — Un feuillet de l'évangile d'Etchmiadzin, datant de l'an 989, et où vous pouvez voir un des beaux spécimens de l'écriture arménienne du moyen âge. Cette écriture dite *erkathagir*, correspond à peu près, pour l'époque, à l'onciale de notre occident.

Sur la marge inférieure, une représentation de l'*adoration des mages*; c'est une des plus anciennes figurations de cette scène évangélique.

Figure 40. — Dans un très bel encadrement, le début de l'Évangile selon *Luc*. C'est encore de la belle écriture erkathagir ou onciale, qui date vraisemblablement du XIe siècle.

En considérant cette vieille miniature, on peut se demander si ce sont les anciens tapis qui ont servi de modèles aux enlumineurs de manuscrits; — ou bien si ce ne sont pas les miniatures qui sont les prototypes des tapis que nous admirons [1].

Figure 41. — Cette figure représente un *tableau de concordance* évangélique, datant du XVIe siècle. Les trois colonnes ont chacune un dessin et un coloris différents. Les chapiteaux qui soutiennent d'ordinaire le fronton sont rem-

1. Voir mes *Documents d'art arméniens*.

placés ici par des dessins de pièces en or, que je crois être des ducats de Venise. Ce manuscrit a été exécuté au couvent de Varak, près de Van [1].

Figure 42. — De Morgan. Une jolie scène de la *Nativité*, où la Vierge et le divin Enfant, d'après une tradition iconographique bien connue, sont couchés ou allongés à gauche. A droite, vous voyez successivement, de haut en bas, l'annonce des anges, le bœuf et l'âne, les trois rois mages, et, en bas, un berger qui joue de la flûte devant ses moutons, tandis que dans l'angle inférieur gauche, Joseph nimbé est assis, plongé dans une profonde méditation. Le tétraévangile qui renferme cette miniature a été exécuté en 1615 de J.-C., dans une communauté arménienne, près d'Ispahan, en Perse [2].

Figure 43. — Reliure. Les Arméniens qui le pouvaient faisaient richement habiller leurs livres manuscrits. C'était, la plupart du temps, des reliures en maroquin plein ou en veau gaufré. Mais, si leurs moyens le leur permettaient, ils

1. Voir mes *Documents d'art arméniens*.
2. Il faisait jadis partie de la Collection de M. Jacques de Morgan. Voir mes *Miniatures arméniennes*

n'hésitaient pas à enfermer leurs textes précieux dans des reliures en métal ciselé et repoussé. Vous voyez ici une reliure arménienne en argent, exécutée dans un atelier arménien de Césarée de Cappadoce, en l'an 1660. A gauche, un Couronnement de la Vierge, à droite la sainte Cène, en bas les douze apôtres, six sur chaque plat de la reliure [1].

N'allez pas croire, Messieurs, que la civilisation arménienne tienne dans les quelques mots que je viens d'articuler et dans les quelques vues qui ont passé devant vos yeux. L'Arménie est un monde, et il faudrait des heures nombreuses pour vous en exposer par le détail le processus historique. Il faudrait alors faire une large place à l'ethnographie et à l'anthropologie. Il y faudrait aussi des projections qui vous fassent voir les différents types dont se compose la race arménienne. Je n'y saurais songer aujourd'hui. Mais vous me permettrez, avant de prendre congé des Arméniens, de vous montrer quelques personnes qui n'ont pas un type barbare à proprement parler, bien au contraire me semble-t-il, type dont plus d'un Européen pourrait se montrer fier.

1. Voir mes *Documents d'art arméniens.*

Figure 44. — Une riche dame arménienne de Constantinople, se disposant à sortir de ses appartements, pour se rendre à une réception officielle d'une ambassade à Constantinople. Inutile de vous dire que cette photographie a été prise avant 1914, car depuis lors, les Arméniens et les Arméniennes ne fréquentent plus guère les salons des ambassades de Constantinople.

Figure 45. — La même dame, dans le costume national des Arméniennes de Constantinople. Vous voyez que le costume, malgré l'embonpoint de la dame, ne manque ni de coquetterie ni d'élégance.

Figure 46. — Une riche dame arménienne de Smyrne. Vous m'accorderez que bien des Françaises pourraient lui envier sa beauté.

Figure 47. — Une dame arménienne de Consz tantinople, recevant des visites dans son salon de Paris.

Figure 48. — Enfants arméniens qui avaient des parents aussi aisés que ceux dont vous venede voir les portraits et qui n'ont pas eu le bonheur de retrouver ces parents. Pour toujours abandonnés, les orphelins arméniens erraient dans les rues des villes ou se cachaient dans les montagnes et dans les anfractuosités des rochers. Les chrétiens agissants, qui représentent, eux aussi, une forme de la civilisation, et pas des moins intéressantes, ont formé, en Amérique et en Europe, des comités de secours pour recueillir ces milliers d'orphelins, errant par le monde. Vous avez ici, devant les yeux, deux orphelins arméniens qui, par miracle, ont échappé à la tuerie. Ils ont été recueillis dans leur pays et sont maintenant à Begnins, dans le canton de Vaud.

Figure 49. — Vous avez souvent entendu prononcer, au cours de ces causeries, le mot de catholicos ou chef suprême de l'Église arménienne résidant à Etchmiadzin. Voici le portrait de Mgr Ismirlian, qui était catholicos en 1909, lors de mon séjour en Arménie. Il mourut au bout d'un an de pontificat, victime des longues souffrances et des exils nombreux auxquels il avait été condamné par le sultan Abd ul Hamid, lorsqu'il était patriarche de Constantinople. La douleur et l'intelligence semblent être la caractéristique de ce beau et fin visage.

Arrivé au terme de cet exposé, j'éprouve une double crainte, celle d'en avoir trop dit, et celle d'avoir été incomplet. Je m'excuse de l'un et de l'autre de ces défauts. Mais le sujet proposé était si vaste, les notions qu'il s'agissait de vous présenter si nombreuses, qu'il fallut, de propos délibéré, faire un choix et savoir se borner.

Contemporains des Assyriens, des Mèdes, des Perses, des Hébreux, des Grecs, des Romains, des Arabes, des Turcs, des Mongols, des Russes, les Arméniens sont encore vos contemporains, et vous pouvez en coudoyer à Paris comme à Bombay, à Sumatra comme à Londres. C'est un des peuples civilisés le plus ancien, qui existe encore, et qui ne veut pas mourir. A travers son existence trente fois séculaire, malgré les circonstances adverses, il a su garder sa foi, sa confiance en une vie meilleure, l'assurance que tout n'était pas perdu pour lui.

Ce n'est ni le lieu ni le moment d'évoquer les monstrueuses hécatombes dont il a été la victime; ce n'est plus opportun de rappeler son long et continuel martyre. La nation arménienne, avec la poignée de ses enfants qui ont échappé à la cruauté et à l'injustice des hommes, veut maintenant vivre sa vie, s'efforcer de construire un

État sans révolution, sans l'aide impuissante des Puissances, et tâcher de ramener au berceau de ses ancêtres, au pied du grand Ararat, les épaves d'un peuple dont l'histoire et la civilisation sont du plus haut intérêt.

En cherchant à formuler devant vous, aujourd'hui, quelques notions relatives au peuple arménien, je n'ai voulu faire œuvre que d'historien. Et, ce faisant, je ne me suis pas borné à prononcer des mots, j'ai tâché d'avancer des faits pour vous faire saisir la réalité des évènements passés et comprendre la situation présente. Plus que jamais, le petit peuple arménien a besoin d'amis dévoués, sincères, désintéressés. Pour atteindre ce but, il le faut toujours mieux connaître. Je m'estimerais heureux si, dans ces modestes causeries que j'ai eu l'insigne honneur de faire à l'Université de Strasbourg, j'avais contribué, pour ma faible part, à faire rendre à la grande nation arménienne le rang qui lui est dû dans le concert des nations qui se disent civilisées.

TABLE DES ILLUSTRATIONS

TABLE DES MATIÈRES

Pages

MAYENNE, IMPRIMERIE FLOCH — 26-3-1927

Fig. 1. - Eglise de Erérouq
(d'après ALICHAN, *Chirak*, p. 170)

Fig. 2. - Eglise de Tékor
(d'après ALICHAN, *Chirak*, p.131)

Fig. 3. - Eglise de Tourmanin
(d'après VOGÜÉ, *Syrie centrale*, p. 138-140)

Fig. 4. - Eglise de Kal' at Seman
(d'aprés VOGÜÉ, *Syrie centrale*, p. 141 et suiv.)

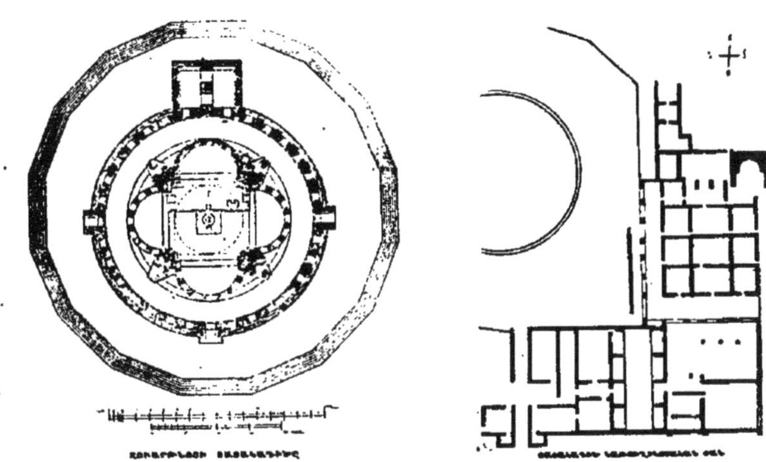

Fig. 5. - Plan de Zwarthnots ef du palais catholical
(d'après Mesrop Movsésian, *Etchmiadzin et les plus anciennes églises arméniennes*, p. 44 et 68)

Fig. 6. - Un angle dégagé du socle dε Zwarthnots.

Fig. 7. - Zwarthnots. Le centre de l'église.

Fig. 8 - Zwarthnots. Le centre de l'église.

Fig. 9. - Zwarthnots. Ruines du palais pontifical.

Fig. 10. - Ruines du palais catholical de Zwarthnots.

Fig. 11. - Ruines du palais catholical de Zwarthnots.

Fig. 12. - Zwarthnots. Un coin du palais catholical.

Fig. 13. - Zwarthnots. Les premières fouilles.

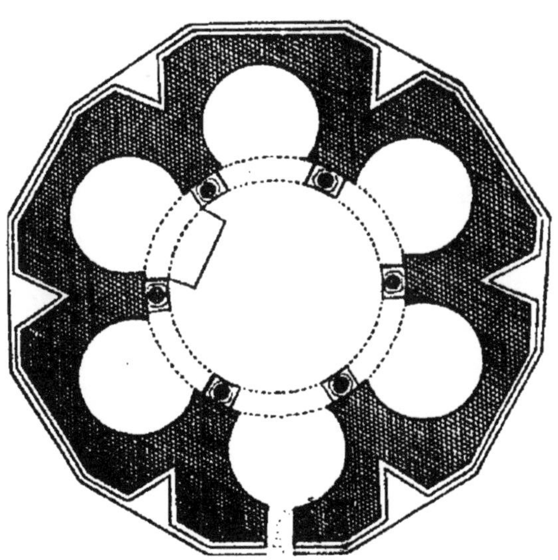

Fig. 14. - Ani. Le plan de la Chapelle Saint-Grégoire des Aboughamrents (d'après ALICHAN, *Chirak*, p. 52)

Fig. 15. - Ani.
La Chapelle Saint-Grégoire des Aboughamrents
(d'après ALICHAN, *Chirak*, p. 51)

Fig. 16. - Ani.
La Chapelle du Sauveur
(d'après LYNCH, *Armenia*, vol. I, fig. 88)

Fig. 25. - Synagogue de Strasbourg.

Fig. 17. - Etchmiadzin.

Fig. 18. - Etchmiadzin.

Fig. 19. - Le clocher d'Etchmiadzin.

Fig. 20. - Etchmiadzin. Les coupoles.

Fig. 21. - Etchmiadzin. Le Trésor.

Fig. 22. - Etchmiadzin. La grande Coupole

Fig. 23. - Eglise de Saint-Nectaire (Auvergne)

Fig. 24. - Notre-Dame-du-Port (Clermont-Ferrand)

Fig. 26. - Ripsimê.

Fig. 28. - Gayianê.

Fig. 27. - Gayianê.

Fig. 29. - La cathédrale d'Ani
(d'après LYNCH, *Armenia*, vol. I, p. 370, fig. 72)

Fig. 30. - La cathédrale d'Ani
(d'après une aquarelle de M. A. Fetvadjian)

Fig. 31. - Ghocha vanq
(d'après Lynch, *Armenia*, vol. I, p. 387, fig. 95)

Fig. 32. - Rosheim.
(d'après Ch. Kuntz, *L'église romane de St-Pierre et St-Paul de Rosheim*, p. 16-17)

Fig. 33. - Tétraévangile d'Etchmiadzin, n° 229 (fol. I V°)

Fig. 34. – Rosheim. Porte latérale sud.

Dessin de M. SCHEPPLER, architecte à Strasbourg.

(d'après Ch. KUNTZ, *L'église romane de St-Pierre et St-Paul de Rosheim*, p. 30-31)

Fig. 35. - Salmosavanq.

Fig. 36. - Les parois de Salmosavanq.

Fig. 37. - Hohannavanq

Fig. 38. - L'église moderne d'Ochakan.

Mt. I, 19 - 22ᵃ Mt, I, 22 b - II, 1¹

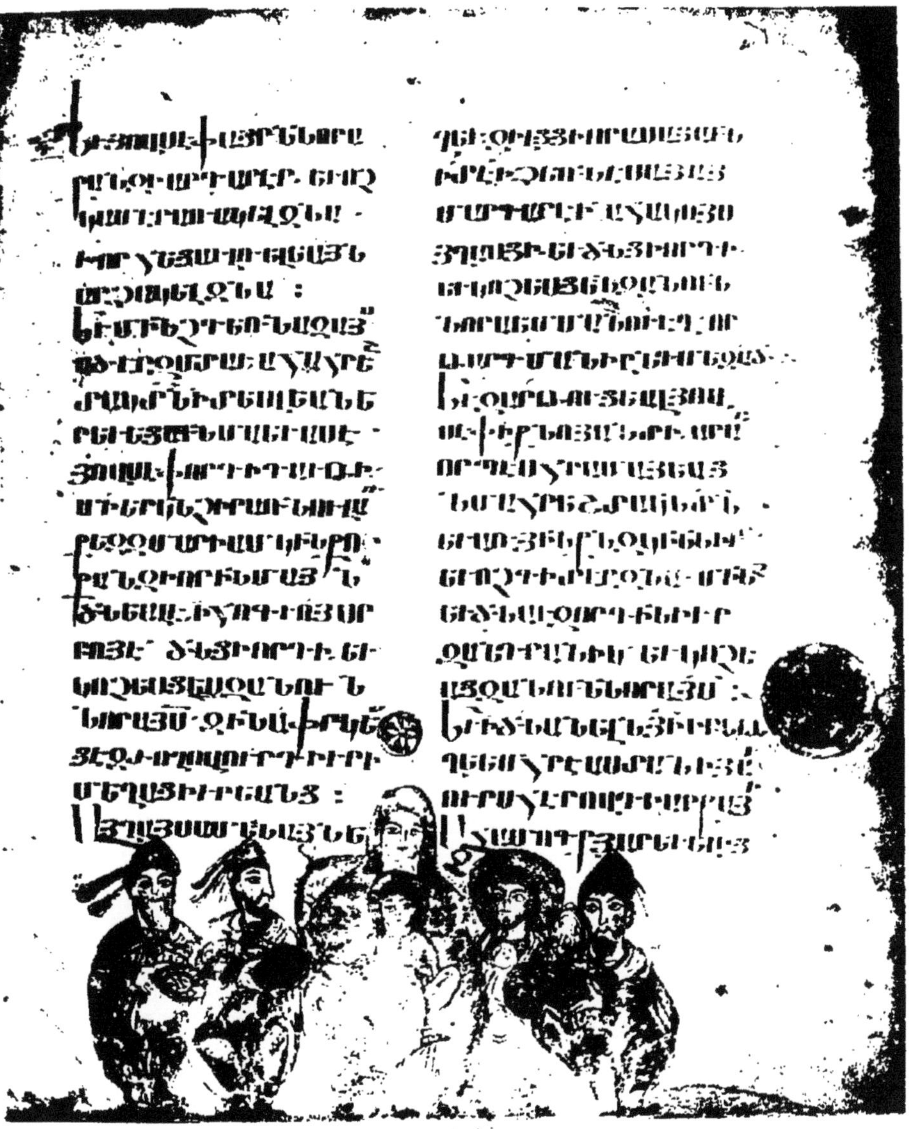

Fig. 39. - Tétraévangile d'Etchmiadzin, n° 229 (fol. 10 R°).
Adoration des Mages

Fig. 40. - Frontispice de l'Evangile selon Luc.
Collection Séropé SEVADJIAN, n° 5.

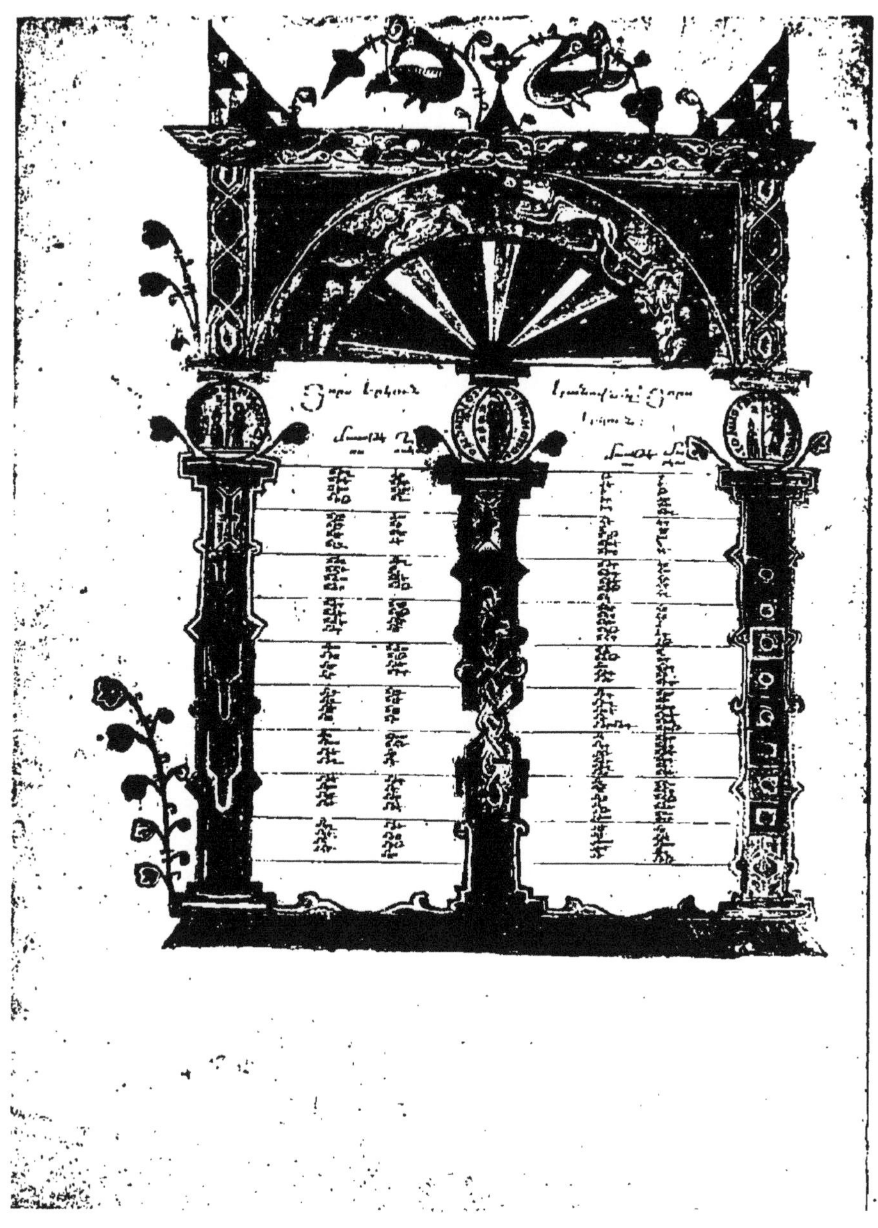

Fig. 41. - Canons de concordance.
Collection S. SEVADJIAN, n° 11, fol. 8.

Fig. 42. - Evangile de Morgan.

Nativité. Adoration des Mages et des bergers.

Fig. 43. - Reliure arménienne en argent ciselé.
Collection Séropê SEVADJIAN

Fig. 44. - Dame arménienne de Constantinople.

Fig. 45. - La même dame en costume national.

Fig. 46. - Dame arménienne
de Smyrne.

Fig. 47. - Dame arménienne
de Constantinople
dans son salon de Paris.

Fig 48. - Enfants arméniens.

Fig. 49. - Mgr Ismirlian,
catholicos de tous les Arméniens.

ANNALES DU MUSÉE GUIMET

BIBLIOTHÈQUE DE VULGARISATION

Tomes

XXXVI : Conférences faites au Musée Guimet en 1911, fig., 291 pp., in-12, 1912 . . . . 20 fr.

L. de Milloué, Anthropomorphisme et zoomorphisme. — *H. Cordier,* Lao Tseu. — *R. Cagnat,* Naufrages d'objets d'art dans l'antiquité. — *Goblet d'Alviella,* Histoire de la science des religions. — *S. Lévi,* Les études orientales : leurs leçons, leurs résultats. — *J. Bacot,* L'art tibétain. — *D. Menant,* Sacerdoce zoroastrien à Nausari.

XXXVII : Conférences faites au Musée Guimet en 1912, nombr. fig., 293 pp., in-12, 1912 . . . *Epuisé*

A. Moret, Mystères égyptiens. — *Dr. Capitan,* Excursion aux villes mortes du Yucatan. — *Seymour de Ricci,* Les contes populaires égyptiens et la littérature hébraïque. — *Ph. Berger,* Les ruines.

XXXVIII : Conférences faites au Musée Guimet en 1912, fig. et planches, 273 pp., in-12, 1912 . . *Epuisé*

Espérandieu, Le culte des sources chez les Eduens. — *P. Alphandéry,* St François d'Assise et l'épopée française. — *S. Reinach,* Samson. — *R. Cagnat,* Comment les Romains se rendirent maîtres de toute l'Afrique du Nord. — *A. Moret,* La Royauté dans l'Egypte primitive : Totem et Pharaon. — *A. Foucher,* L'origine grecque de l'image de Bouddha.

XXXIX : Conférences faites au Musée Guimet en 1912, nombr. planches, 277 pp., in-12, 1913 . . *Epuisé*

R. Dussaud, Les crimes d'Athalie (histoire et légende). — *R. Cagnat,* Visite à quelques villes africaines récemment fouillées. — *R. Pichon,* Le rôle religieux des femmes dans l'ancienne Rome. — *J. Toutain,* Les cavernes sacrées dans l'antiquité grecque. — *D. Menant,* Pèlerinage aux temples jainas de Girnar. — *A. Moret,* Sanctuaires de l'ancien empire égyptien.

XL : Conférences faites au Musée Guimet en 1913, nombr. pl. et fig., carte, 388 pp., in-12, 1914. 20 fr.

V. Goulouben, Peintures bouddhiques aux Indes. — *Cap. de Tressan*, Influences étrangères dans la formation de l'art japonais. — *J. Hackin*, Illustrations tibétaines d'une légende du Divyâvadâna. — *S. Lévi*, Les grands hommes dans l'histoire de l'Inde. — *F. Nau*, L'expansion nestorienne en Asie.

XLI : Conférences faites au Musée Guimet en 1914, nombr. planches, 203 pp., in-12, 1916 . . 20 fr.

R. Cagnat, Temples et sanctuaires romains. — *R. Dussaud*, La grande déesse chypriote. — *A. Moret*, Les statues d'Egypte « images vivantes ». — *V. Goloubev*, Le Kaïlâsa d'Ellora. — *R. Petrucci*, Les peintures bouddhiques de Touen-Houang (mission Stein). — *H. Cordier*, La question des rites chinois. — *E. Pottier*, Les origines de la caricature dans l'antiquité.

XLII : A. Leclère. Cambodge : fêtes civiles et religieuses, 13 planches, 661 pp, in-12, 1917. 30 fr.

I : Le couronnement de Sisowath. — II : Les fêtes religieuses régulières. — III : Les cérémonies religieuses privées. — IV : Les fêtes privées. — V : Les fêtes et cérémonies propitiatoires. — VI : Les cérémonies qui accompagnent la prestation du serment.

XLIII : M. Anesaki. Quelques pages de l'histoire religieuse du Japon ; conférences faites au Collège de France, IX et 173 pp., in-12, 1921 . . . 20 fr.

Introduction. — I : *Le Prince Shotoku*, pionnier de la civilisation japonaise. — II : *Dengyo et Kobo*, organisateurs de la hiérarchie bouddhique. — III : *Honen*, le saint piétiste. — IV : *Nichiren*, le prophète. — V : Introduction du bouddhisme Zen et ses effets sur la civilisation japonaise. — VI : Une phase du mouvement religieux dans le Japon moderne.

XLIV : A. Meillet. Trois conférences sur les Gâthâ de l'Avesta faites à l'Université d'Upsal pour la fondation Olaus Pétri. 72 pp., in-12 1925. 12 fr. 50

Introduction. — I : Date de Zoroastre. — II : La composition des Gâthâ. — III : Caractère de la doctrine des Gâthâ.

XLV : P. Lefèvre-Pontalis. Notes sur quelques amulettes siamoises, 2 et 27 planches, 49 pp., in-12. 1926 . . . . 30 fr.

MAYENNE, IMPRIMERIE FLOCH.

www.ingramcontent.com/pod-product-compliance
Ingram Content Group UK Ltd.
Pitfield, Milton Keynes, MK11 3LW, UK
UKHW022015170726
13837UKWH00001B/192